2024

九星別 ユミリー風水

六白金星《ろっぱくきんせい》

直居由美里

JN080520

大和書房

風水は人が幸せに生きるための環境学

人は地球に生まれ、その地域の自然環境と共存しながら生き、生涯を終えます。その人の生涯を通して、晴れの日や嵐の日を予測しながら幸せに生きていくための環境学が風水です。

人は〝宿命〟という、生まれながらにして変えられない条件を背負っています。自分では選べない生きるうえでの条件なのですが、二十歳《はたち》頃から自らが社会に参加し生きていくようになると、宿命を受け止めながら運命を切り開くことになるのです。

そうです。運命は変えられるのです。

「一命《いちめい》二《に》運《うん》三《さん》風水《ふうすい》四《し》積陰徳《せきいんとく》五《ご》唸書《ねんしょ》」という中国の格言があります。人は生まれてから、自らが自らの命を運んで生きている、これが運命です。風水を取り入れることでその落ち込みは軽くなり、運気の波は上り調子になっていくのです。そして、風水で運気が上昇していく最中でも、人知れず徳を積み（四積陰徳）、教養を身につける（五唸書）努力が必要であることを説いています。これが本当の幸せをつかむための風水の考え方です。

出会った瞬間からハッと人を惹きつけるような「気を発する人」はいませんか？ 「気」とは、その人固有の生きる力のようなもの。自分に適した環境を選べる“磁性感応”という力を持っています。

本書で紹介している、あなたのライフスター（生まれ年の星）のラッキーカラーや吉方位は、磁性感応を活性化させてよい「気」を発し、幸運を引き寄せられるはずです。

CONTENTS

２０２４年はこんな年

若々しいパワーに満ちる1年

２０２４年は三碧木星《さんぺきもくせい》の年です。20年間続く運気のタームである、第九運の始まりの年にもなります。

これからは新しい生活環境や働き方をはじめ、世の中のシステムが見直されていきます。２０２４年は三碧の象の力強い若い力をあらわし、若者の行動や新規ごとに注目が集まりそう。新しい情報や進歩、発展、活発、若さなどがキーワードになります。

若者がニュースの主役に

九星の中で最も若々しいパワーを持つ三碧ですが、未熟さ、軽率、反抗的な行動なども要素として持っています。よくも悪くも10代の言動が、社会を驚かせることでしょう。安易な交際や性犯罪の話題があるかもしれません。

草木は発芽するときに、大きなエネルギーで固い種子の皮を打ち破ります。そのため、爆発的な力を持っていることも２０２４年の特徴です。

新しい価値観がトレンドを生む

子どもの教育やスポーツにも関心が集まります。大きなスポーツ大会では、若い選手たちの活躍が期待できます。また、ＡＩを駆使した音楽もつくられていくでしょう。コンサートやライブなどの音楽イベントもＩＴ技術によって、新しいスタイルが定番となります。若い男性ミュージシャンや評論家、ボーイズグループも目立ち、ソロ活動する人にも注目が集まるでしょう。

ファッションも、若者たちの感性から、新しい素材やユニセックスを意識したスタイルが生まれます。

言葉によるトラブルに注意を

三碧には言葉や声という象意《しょうい》もあります。若者特有の言葉や造語が流行語になります。また、詐欺や嘘が今以上に大きな社会問題になる可能性が。地位ある人や人気者が失言により失脚することもあるでしょう。

ガーデニングなど花にかかわる趣味やイベントが注目を集めます。風水では生花はラッキーアイテムのひとつですが、特に２０２４年は季節の花を欠かさないようにしましょう。また、新鮮、鮮度も三碧の象意。初物や新鮮な野菜を使ったサラダがおすすめです。

2024年

六白金星のあなたのラッキーアイテム

空に輝く星のような自然のエネルギーを象徴する六白金星。
2024年はピンクや白で運を引き寄せて。

バッグの中身

パールのバッグチャーム

外出時に使うバッグには、パールのバッグチャームがおすすめ。白いパールが連なっているようなアクセサリー感覚のもので華やか度アップ。

ピンクのメイクポーチ

2024年、バッグの中に入れておきたいのはピンクのポーチ。シンプルな波模様のものがおすすめで、コロンとしたフォルムだとさらに◎。

ピンクや白のアイテム、大理石で幸せを引き寄せて

インテリア

壁かけ鏡

壁かけ鏡も 2024 年におすすめしたいインテリアアイテムです。特に八角形は全方位からよい気を呼び込める風水アイテムです。

大理石のペーパーウエイト

デスクコーナーに追加したいのが大理石のペーパーウエイト。実用面だけでなく眺める楽しみもあるアイテムは好きなモチーフで。

A MESSAGE TO YOU

六白金星のあなたへ

六白は竜巻のエネルギーを象徴
2024年は内面を見つめ直す改革運

六白金星は空に輝く星、天そのものを表し、エネルギッシュな竜巻を象徴します。まわりのすべてを巻き込んで進む、強い気流のエネルギーを持っています。常に前向きでいられることは、あなたに備わっている才能です。第1章の「六白金星の自分を知る」を読めば、あなたがまだ気づいていない隠れた力がわかります。

2024年の六白には改革運がめぐります。運気は高い位置のまま、お休みモードに入ります。あなたのまわりで環境や人間関係に変化がありますが、静かに受け入れることが大切です。感情に流されるとトラブルを引き寄せるので、冷静でいるよう心がけましょう。新しいことに手をつけることなく、これまでの生活をじっくり見直しましょう。スケジュールを上手に調整し、家族と過ごす時間をたくさんとって、心穏やかでいることが運気に合った過ごし方です。

年齢別 六白金星の2024年

21歳 2003年生まれ／未年

友人たちの進路が決まっていくのを見て、焦りを感じそうです。自分と友人を比べず、マイペースを維持しましょう。迷いがあるなら、結論を出すのを先延ばしにしてＯＫ。先生やリーダーに相談するのもおすすめです。

30歳 1994年生まれ／戌年

望まない異動があっても、投げやりにならないでください。新しい可能性が試せるチャンスだとポジティブに考えましょう。転職や独立は避けるべき運気です。リスクをとらず、安全第一を判断基準にしてください。

39歳 1985年生まれ／丑年

家業や財産を継ぐ話が出てきそう。冷静に判断してください。社長運があるあなたですから、将来性をじっくり考え、事業継承のロードマップを作ってみましょう。それで勝算があるならゴーサインを。

48歳 1976年生まれ／辰年

家族との時間を大切にしましょう。子どもの話は遮《さえぎ》らず、最後までじっくりと耳を傾けてください。住まいの整理整頓や掃除をこまめにして、よい気の中で家族全員が過ごせるように心がけましょう。

年齢別　六白金星の2024年

57歳　1967年生まれ／未年

住み替えやリフォームを考えるきっかけがありそう。住宅資金やモデルルームなどの情報を集めたり、リフォームプランを立てたりしてみましょう。資金面で無理は禁物。親やきょうだいと連絡をとり、独断で決めないように。後でトラブルになります。

66歳　1958年生まれ／戌年

投資は避けたほうがいいでしょう。一攫千金《いっかくせんきん》の誘惑もNG。安全性を重視した貯蓄で適したタイミングまで待ってください。投資を考えるなら、まずは勉強から。セミナーや証券会社で相談してからにして。日常生活の出費内容も確認し、無駄を省きましょう。

75歳　1949年生まれ／丑年

体調の変化に注意してください。自分の健康を過信せず、違和感があるなら早めに受診を。無理をすると回復が遅れるだけです。食事は食材にこだわり栄養バランスを考え、良質な睡眠をとるように心がけましょう。朝起きたら1杯のミネラルウォーターで体内の浄化を。

84歳　1940年生まれ／辰年

決断は周囲にまかせて、のんびりと過ごしましょう。ヘアスタイルを変えたり、今まで取り入れなかった色にチャレンジしたりして、新しいファッションを楽しんでみましょう。インテリアを変えるのもおすすめ。手軽にクッションカバーを替えてみては。

第1章

六白金星の自分を知る

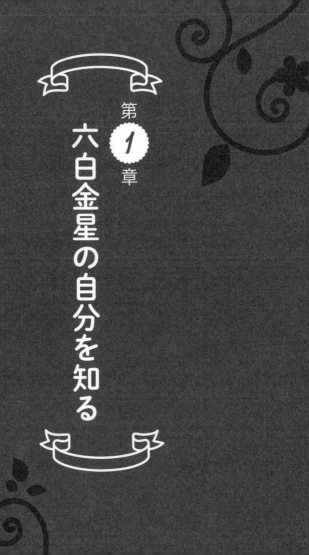

六白金星はこんな人

ラッキーカラー　水色・白・銀色・青

ラッキー方位　北西

独走的でプライド高く大胆で高級志向の社長星

六白金星は空に輝く星や天そのもの、または竜巻のような激しい気流のエネルギーを象徴します。独立心が強く、行動力もあり、人を束《たば》ねて物事を進めていくのが得意な社長の星。そんな六白金星は、人の上に立つべく生まれてきたような人です。

どこにでも吹き込んでいく気流のように、どんなことに対してもチャレンジ精神旺盛《おうせい》。苦境に陥《おちい》ったときほど負けじとパワーを全開にして物事に対峙《たいじ》します。ただし、自分のエネルギーに他人を巻き込んでいくタイプなので、周囲にはついていけない人がいたり、脱落したりする人もいることを忘れずに。

でも、そんな人にも救いの手を差し伸べるやさしさを六白金星は持っています。どんなに振り回されても、多くの人が好意を寄せるのは、あなたが困っている人に進んで手を貸す人情派の面を持っているから。人一倍強いプライドを抑え、人の気持ちを察して、まわりに一歩譲《ゆず》ることを覚えるとさらに運が強くなります。

ラッキーカラーは水色、ラッキー方位は北西

右ページにあるラッキーカラーとは、一生を通してあなたの運気を助ける守護色です。色のパワーがあなたに働きかけ、あなたの発する気をよいものにしてくれます。住まいのインテリアや洋服、持ち歩くものに取り入れるようにしましょう。また、ラッキー方位とは自然界のよい気が自分に流れてくる入口のようなもので、住まいの中で大切にしたい方位です（48ページ参照）。六白金星のラッキー方位は北西なので、住まいの北西が汚れていると邪気のまじった気を受けることになります。ですから、いつもきれいにしておくことが大切です。また、北西を枕にしたり、北西を向いて座ったりすることで、あなたの内側から湧いてくる力を高めてくれる効果もあります。

六白金星の 人生

常に前進し、周囲を統率する行動派

六白金星を象徴する竜巻のエネルギーは、天へと昇っていく気流。高い位置から下界を見下ろすことから社長の星ともされ、九星の中で最も活動的です。

若い頃からエネルギッシュに活動する行動派。磨かれることで輝きを増していく鉱石ですから、若い頃は数多くの苦労を経験するでしょう。でもそれをクリアするたびに、大きく輝き成長していきます。それを乗り切っていくだけのパワーが六白金星には備わっているので、息切れを起こすことはありません。天を意味する星でもあるので、まわりをまとめていく統率力にも恵まれます。とはいえ、突然竜巻のように荒れ狂う気流となり、周囲を困惑させることもあります。また、六白金星はプライドが高いので、それが周囲とのトラブルになる可能性も。

中年期になると、若い頃の苦労が実って光り輝く鉱石としての姿を現します。本来持ち合わせているリーダーシップにも磨きがかかり、社長や起業家として活躍することもあるでしょう。ただ、他人を従わせたい親分肌なので、協調性や謙虚な姿勢を忘れてしまうと周囲がついてこなくなり、孤立してしまうことになります。

六白金星は財よりも名誉を第一に考える傾向があるので、社会的なポジションが高まるにつれて運気にも弾みがつきます。常に動き続けるエネルギーを持っているので、生涯を通して忙しさがつきまとうことになるでしょう。

常に上昇思考でいることが開運への道

人生は今の経験が積み重なってできあがっていくもの。浮かれず、落ち込まず、長い目で人生を見渡しながら年齢とともに高めていく運気を、晩成運といいます。よりよい晩成運の波にのるためには、自分の人生が早咲きか遅咲きかを知り、人生の基盤を強固にしていくべきです。六白金星は早咲きも遅咲きもいる混合型で、両面を持ち合わせているタイプです。自分はまだ芽が出ていないと思うなら、「自分はこう生きる」という指針を明確にすること。逆に若い頃に実績をあげたという人は、これ以上は欲を出さないという領分をわきまえた考え方や、謙虚に自分を磨き続けることが必要です。苦労を重ねれば重ねるほど円熟味が出てくるのが六白。名誉や社会的なポジションを手にすることで晩成運も上昇していきます。

六白金星の金運

無から有を生み出す財力の星

富よりも名誉を重んじる六白金星なので、お金にはあまり執着はなく、とても淡泊です。社長星といわれるように、六白金星は自分でお金を生み出す力を持っているので、お金に困ることはありません。無から有を生み出す力も持っているので、自分で起業し、事業に投資したりすればお金を殖《ふ》やしていけるはず。起業資金や余剰資金を持つと運が開けます。副業で収入を殖やすのもいいでしょう。

天を意味する六白金星は高貴な雰囲気をまとっています。ですから、高級品にお金を使ってしまう傾向があると同時に、人情派なので人助けのために出費することも。虚栄心《きょえいしん》からの浪費は慎み、自分の将来につながるお金の使い方を心がけるようにしましょう。でも、ケチケチして安い物を身につけたり、部屋に置いたりすると運気はダウン。上質な物に囲まれたほうが開運につながります。

もともと欲しいものを即決で買ってしまうタイプで、コツコツ貯めるのは苦手。大金を動かしていく才覚はありますが、一攫千金はねらわないよう気をつけてください。

六白金星の 才能・適性

リーダーのポジションが適任

行動力や責任感が高く、精力的に仕事をこなします。もともと人の上に立つべき力を持っているので、リーダーシップをとることで実力をフルに発揮できます。向上心は強く、仕事には没頭してしまうタイプです。信念が強く、自分の方法でテキパキと仕事を処理していきます。負けず嫌いで常に上でいたいという思いが強く、それが仕事で業績をあげていくモチベーションになります。でも、プライドが高く、独断専行しがちなので、それが周囲との摩擦《まさつ》を生む原因になります。特に実力が伴わないで好き勝手に振舞ってしまうと、周囲はついてきません。目上の人、目下の人に関係なく衝突してしまうことがあるので、これがあなたの評価を下げてしまうことも。天の星なので、命令されるのは大嫌いですが、相手の意見や他人の価値観を理解し、周囲と協調しながら物事を進めるように心がけましょう。六白金星に向く職業は、企業の経営者、客室乗務員、獣医師、公務員、政治家、評論家、宗教家、弁護士、裁判官、技術者、医師、チームプレーのスポーツ選手、土木関係や食品管理などです。

六白金星の 恋愛・結婚

相手を振り回さないような ストレートな情熱が実を結ぶ

決して社交的とはいえない六白金星ですが、恋に関しては一直線。まじめで几帳面な性格なので、遊びの恋はせず、恋の駆け引きや姑息《こそく》な手段は大嫌い。ロマンチックな演出をして相手を振り向かせることはせず、正々堂々とアプローチをします。理想が高いので、あまりにもそれを求めすぎるとチャンスを逃します。ただ、人を魅了する力は、ライフスターの中でトップクラス。好きになった人に慕《した》われるという強運の持ち主です。でも、プライドが邪魔をして他人の気持ちを考えて行動するのは苦手。相手を振り回しがちなので、相手の理解がないとうまくいきません。

どちらかといえば、家庭よりも仕事を優先しますが、結婚生活もそつなくこなします。理想の相手がみつかれば、情に厚い部分が出て相手に尽くします。男性なら家庭を大切にする亭主関白、女性なら仕事と家庭を両立できる世話女房になります。もともと自分の生き方をみつけられ、ひとりで生きる覚悟もできるタイプですが、パートナーがいれば、ともに歩んでいくこともできます。

六白金星の 家庭

家庭でもリーダー的な存在

両親の運気が高いときに生まれ、愛情に恵まれた家庭環境の人が多い傾向にあります。よくも悪くも父親との縁から精神的な影響を受けやすいでしょう。祖父母とも縁が深い星です。若い頃から一家の中心的存在で、家族から頼りにされることで、強い責任感が育ちます。その期待に応えるように自然と努力をしていきます。中年期になると、家族だけでなく親戚からも頼りにされるようになります。相談ごとも増えますが、それに対して適切なアドバイスができるでしょう。

じっとしていることができないので、仕事に家庭にといつも忙しく日々を送ることになりますが、仕事を持っていても家庭は大切にするタイプです。ただ、子どもの意向を尊重できず、自分の理想を押しつけがちで、強引な面が出ると、家族にかける言葉もきつくなりがち。知らずしらずのうちに周囲を傷つけているかもしれません。やさしい言葉遣いを心がけることで、家族とのコミュニケーションは円滑になります。本来持っている正義感にプラスして、寛容《かんよう》さも身につけることが肝心です。

幸運をもたらす

人間関係

相手のエネルギーを力に

人には持って生まれたエネルギーがあり、それを象徴するのがライフスターです。人間関係においてはそのエネルギーが深く関係します。１１３ページから紹介するライフスター同士の相性はそのひとつですが、これとは別に、あなたに特定の幸運をもたらす相手というのも存在します。それをあらわしたのが中央に自分のライフスターを置いた左の図です。それでは、どんな関係かを見ていくことにしましょう。

運気を上げてくれるのが一白水星《いっぱくすいせい》。これはともに働くことであなたに強運をもたらしてくれる相手。あなたの運気を助けてくれる人でもあるので、一緒に長く頑張っていける関係です。お互いプライベートなことは詮索《せんさく》しないで、一定の距離感を持った付き合いをすることです。

あなたのやる気を引き出してくれるのが三碧木星《さんぺきもくせい》。あなたにハッパをかける人でもあり、この人に自分の頑張りを試されるといってもいいでしょう。二黒土星《じこくどせい》はあなたに精神的な安定を与える人、七赤金星《しちせききんせい》は名誉や名声を呼び寄せてくれる人です。よく

名誉を与える 七赤金星	安定をもたらす 二黒土星	蓄財をサポートする 九紫火星
お金を運んでくる 八白土星	自分の星 六白金星	チャンスを運ぶ 四緑木星
やる気を引き出す 三碧木星	運気を上げる 一白水星	新しい話を持ってくる 五黄土星

＊この表は、星の回座によりあらわし、北を上にしています。

も悪くも新しい話を持ってきてくれるのが五黄土星《ごおうどせい》です。同時に、今までにない新しい交友関係をもたらしてもくれます。

金運は八白、四緑、九紫

金運をもたらす関係といえるのが、お金を運んでくる八白土星《はっぱくどせい》、実利につながるチャンスをもたらす四緑木星《しろくもくせい》です。仕事のクライアントや給与を支払ってくれるのが八白の人なら、経済的な安定をもたらしてくれます。四緑は、仕事の話や自分にはない人脈を運んできてくれる人です。

また、蓄財のサポートをしてくれる九紫《きゅうし》火星《かせい》は、財テクや貯蓄プランの相談役として心強い相手です。

性格は生まれ月で決まる！

生まれ年から割り出したライフスターは、生きていく姿勢や価値観などその人の本質を強くあらわします。でもその人となりの形成には、ライフスターだけではなく、生まれ月から割り出したパーソナルスターも深く関係しています。

パーソナルスターからわかるのは、性格、行動など社会に対する外向きの自分。下の表からみつけてください。たとえば、あなたが六白金星で11月生まれならパーソナルスターは五黄土星。六白の本質と五黄の性質を併せ持っているということです。

自分のパーソナルスターをみつけよう

ライフスター／生まれ月	一白水星 四緑木星 七赤金星	三碧木星 六白金星 九紫火星	二黒土星 五黄土星 八白土星
2月	八白土星	五黄土星	二黒土星
3月	七赤金星	四緑木星	一白水星
4月	六白金星	三碧木星	九紫火星
5月	五黄土星	二黒土星	八白土星
6月	四緑木星	一白水星	七赤金星
7月	三碧木星	九紫火星	六白金星
8月	二黒土星	八白土星	五黄土星
9月	一白水星	七赤金星	四緑木星
10月	九紫火星	六白金星	三碧木星
11月	八白土星	五黄土星	二黒土星
12月	七赤金星	四緑木星	一白水星
1月	六白金星	三碧木星	九紫火星

月の初めが誕生日の場合、前月の星になることがあるので携帯サイト（https://yumily.cocoloni.jp）で生年月日を入れ、チェックしてください。

9 パーソナルスター別タイプの六白金星

パーソナルスターは一白から九紫まであるので、同じ六白でも9つのタイプに分かれます。パーソナルスターも併せて見たあなたの性格や生き方は？

一《いっ》白《ぱく》水《すい》星《せい》

周囲を癒《いや》す雰囲気を漂わせつつも、物事に取り組む姿勢はエネルギッシュ。とても活動的な人です。六白の気流が好き勝手に吹き荒れるように、一白の水も柔軟に姿を変え、型にはまることがありません。身動きできないことを苦痛に感じます。人に好かれ愛されることで運をつかんでいくタイプです。

二《じ》黒《こく》土《ど》星《せい》

向上心が旺盛で新しいことにチャレンジしていく人です。でも慎重な面があり、地道に努力していくことをよしとします。集中しすぎるあまり、自己中心的に物事を進めがちです。世話好きですが、度が過ぎるとおせっかいととられることも。頼れる人のそばにいることが成功への近道になります。

三《さん》碧《ぺき》木《もく》星《せい》

好奇心旺盛で活動的。大胆なように見えますが、実は繊細な心を持った人です。プライドが高く、独断で物事を進めようとして、周囲の反感をかうこともたびたび。でも、わが道を行くことをよしとするので周囲のことは気にしません。物事を理論的に考えるあまり、なかなか行動に出られないことも。

四《し》緑《ろく》木《もく》星《せい》

わが道を行くタイプに見えますが、多くの人の協力があってこそやる気も湧き、前に進んでいけるタイプです。人から引き立てられることでチャンスをつかんでいくので、人間関係は大切にします。優柔不断な面と頑固な面が共存しているので、それに周囲の人は驚かされることも。

五《ご》黄《おう》土《ど》星《せい》　我が強く、自己主張の強い人。どんな苦しい状況でもそれを乗り切っていくだけのパワーを持っています。統率力にすぐれているので、リーダーの役目は難なくこなしていけるタイプです。束縛《そくばく》されたり、命令されたりするのは大嫌い。欠点は、自分だけが正しいと思い、協調性に欠けることです。

六《ろっ》白《ぱく》金《きん》星《せい》　社交的で周囲を楽しませることが得意なタイプです。自己主張が強く、自分が話題の中心になっていたいと思うほうです。争いごとを好まず、人当たりがよく世話好きなので、八方美人と見られてしまうこともあります。新しいことに臆せずチャレンジしていけば、運が開けます。

七《しち》赤《せき》金《きん》星《せい》　自己顕示欲は強いほう。自己アピールして、周囲からの視線を集めるタイプです。活動的に振舞い、いつも忙しく動いていないと落ち着きません。プライドが高く、自分が間違っていても素直に謝ることができません。それが周囲との摩擦を生み、トラブルの原因にもなるので気をつけて。

八《はっ》白《ぱく》土《ど》星《せい》　自分の信念を貫くためには、どんな努力も惜しまない人です。物事をスピーディーに決断していくのが得意なので、うまく時流にのっていけます。人から信頼されて大勢に囲まれることに喜びを感じます。理想が高く社交的とはいえないので、人と深く付き合っていくには時間を要します。

九《きゅう》紫《し》火《か》星《せい》　周囲を明るい雰囲気にしながら、人を束ねていくことができる人です。どんなことも前向きにとらえて、結果を恐れず果敢に挑戦していきます。どんな人とも一定の距離をとって付き合います。移り気なところがあり、これが人間関係に出てしまうと、自ら人との縁を切ってしまうことになります。

第2章

六白金星の2024年

2024年の全体運

2024年2月4日～2025年2月2日

立ち止まって、じっくり考えること

２０２４年、六白金星にめぐってくるのは、リセット運である改革運です。今までの人生を一度立ち止まって、生き方を見直すべき運気です。停滞運、静運も同様にリセット運と呼ばれます。運気そのものは高いところにありますが、受け身になり、自ら変化を起こさないことが大切です。これまでエネルギッシュに活動してきたので、エネルギー切れ状態にあります。ここはしっかり休み、エネルギーをチャージして２０２５年に飛躍するための準備期間だと考えてください。

アグレッシブに前進するあなたなので、フラストレーションがたまりやすくなりますが、もう一度足元を見つめ直すことが重要です。目先の利益を優先させたり、他人と自分を比べて自己評価したりしないこと。

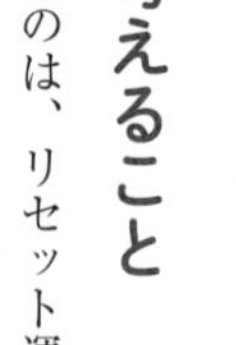

2024年の吉方位　北、南、南東

2024年の凶方位　東、西、北東、北西、南西

社長星を持っているあなたですから、状況を冷静に分析し、対応策を考えることができるでしょう。２０２４年は苦しくても変化に抗《あらが》わず、柔軟な対応を心がけ、一番リスクの少ない選択肢を選んでください。新しいチャレンジは２０２５年に変更し、積極的な社会活動は控えましょう。不安感から無理に前進しようとするとトラブルの芽をつくることになります。残業などはできるだけ避けるように仕事の優先順位をつけて、家族との時間を持つようにしてください。

冷静さが開運の鍵になります

現状脱却を安易に実行すると失敗するので、冷静な判断が重要。迷いが残るなら結論を出すのは先延ばしにしましょう。納得がいくまで、じっくり考えてください。また、新しい人脈を求めるのではなく、今まで付き合ってきた人との絆をさらに深めるように心がけること。２０２４年は継続がパワーをチャージしてくれます。転職や独立は考えず、現状維持をしながら将来のことをじっくりと考えましょう。悪縁を絶つにはいい運気です。別れは、出会いの扉。新しい世界に飛び込む準備をしましょう。これから飛躍するための土台を積み重ねることを忘れないでください。

2024年の 金運

安全第一のマネープランで堅実に

お金に執着がないあなたですが、２０２４年は、目標を達成するための貯蓄を考えてください。一攫千金は考えず、安全第一のマネープランでコツコツと貯めるのがおすすめです。気をつけていないと資金がショートしがち。家計簿などで収支の流れを把《は》握《あく》しつつ、地道に継続することが運気を開くことにつながります。

大きく育てたいお金ですから、そのための情報は広く集めるようにしましょう。ただし、その中から質が高く、信頼できるものをピックアップすることが大切です。情報発信者が誰なのかも確認するようにしましょう。

２０２４年は予定が狂いがちになります。大きな買い物やローンを組むような取引は避けてください。キャッシュレスの買い物にも注意が必要です。決済は週単位でチェックするようにしましょう。

日常生活の中では、ＳＤＧｓを視野に入れた行動を考えましょう。光熱費だけでなく、食品ロスやプラスチックゴミ削減の生活スタイルを心がけてください。不用品は邪気になりますが、他の家庭では必需品になるかもしれません。フリマアプリやリサイクルショップに出して、お金と同様に社会で循環させましょう。

つい衝動買いしたくなってしまうのは、住まいが整っていないからかもしれません。掃除と片づけを徹底し、不用品がないかチェックして。不用品を手放すと考えがクリアになり、あなたにとって本当に大切なものが見えてくるはずです。

自己投資費用はしっかりと

貯蓄ばかりを優先させ、自分磨きや交際費をセーブすると、目標達成は遠のきます。キャリアアップや教養を高めるための本やセミナーなど、自己投資には惜しみなくお金を出しましょう。有意義な人間関係を深めるための交際費もきちんと準備しておくこと。お金の流れを止めると運気の流れも止まります。変化の年だからこそ、上手なお金の使い方を心がけましょう。

２０２４年に結婚、出産などライフステージに大きな変化がある人は、保険のプランを見直し、これからの人生にマッチしたものにしましょう。また、相続の話が持ち上がる可能性もあるので、家族との連絡は密にしておいてください。

2024年の 仕事運

流れに身をまかせ、受け身で過ごす

さまざまな変化の波がやってきます。異動や転勤のほか、クライアントや担当者が替わることもありそうです。新たな人間関係では相手を立てる対応をしてください。自己アピールを優先したり、強引にリーダーシップをとろうとすると円満な関係を築けなくなります。周囲の流れに身をまかせれば、順調に過ごせるでしょう。

状況変化によるリスクマネジメントを第一に考え、準備しておきましょう。独立心が強いあなたは、新しいことに目がいきがちですが、自ら企画して行動することは控えてください。新たな評価を求めず、目の前のやるべき仕事を完璧にこなすことに集中しましょう。足元を固めてエネルギーを温存し、2025年にやってくる頂上運を迎える準備をしてください。

現状に不満があるからと転職を考えるのはNGです。明確なキャリアプランもなく、転職や独立をするのはいい結果をもたらしません。今の職場であなたにできることや、やりがいをみつける努力をしましょう。また、他人と比較して自分の価値を判断することも意味がありません。

よい気を呼び込むために、仕事部屋やオフィスの北西にカレンダーや植物の絵、森の写真を飾ると、仕事運が安定します。

自己研鑽《けんさん》をサボらないことが重要

２０２４年は仕事とプライベートのバランスをとることも重要です。仕事を上手に調整し、できるだけ残業は避けるように。急なスケジュール変更はあるかもしれませんが、思い通りにならなくてもイライラしないこと。家族との時間を大切にすると仕事運もアップします。ただし、受け身で過ごしても自分を高める努力は惜しまないこと。スキルアップや資格取得のために講座に通うなど、自己研鑽は忘れないでください。

プライドが高いあなたは自説にこだわりがちですが、それがトラブルの原因になりそうです。トラブルが起きたらまずは謝罪し、次に原因を探りましょう。同じことを繰り返さないための対策をとることが大切です。スムーズにいかないことは即断即決をせず、いったん保留にして安全策をとってください。気持ちが落ち着かないときは、デスクまわりの整理整頓をして、生花やクリスタルを飾りましょう。

2024年の 恋愛・結婚運

安定を求め、結婚願望が強くなる

気持ちが安定を求め、結婚したいモードに入ります。新しく人と出会うたび、結婚できるかどうかで判断しがちになりますが、２０２４年は積極的に縁を求めるより、上司や友人に紹介を頼みましょう。良縁を待つ姿勢のほうが開運します。ただし、相手の収入や仕事など条件面にこだわると、縁を結ぶことは難しくなります。あくまでも人柄を優先させてください。そして、結婚を望まないのなら深入りしないこと。

身近な人が恋人になる可能性もあります。古くからの友人や趣味を楽しむ仲間の中に運命の人がいるかもしれません。ただし、寂しいからとあいまいな気持ちでお付き合いを始めると、情に流されるだけ。ポジティブな関係を築くのは難しくなります。

パートナーがいる人は結婚へのステップを昇っていくでしょう。より多くの時間を共有するよう心がけると、お互いを深く理解でき、結婚のプランも具体的になっていきます。さらに家族が賛成してくれるようなら、問題はないでしょう。

恋愛でトラウマを抱えている人は、２０２４年はリスタートの年になります。これまでの恋愛を清算し、スタート地点に戻る運気です。破局や離婚を経験する人もいるでしょう。でも、それは悪縁をきっぱりと断ち切ることにつながります。身辺を整え、新しい出会いや恋愛の準備をしましょう。

自分の心と冷静に向き合う

あなたの弱みにつけ込んでくるような人には近づかないことが重要です。一時的に寂しさを紛《まぎ》らわせても、リスペクトのない関係に将来性はありません。付き合いが長いカップルでも結婚に不安が残るなら、急いで話を進めないこと。納得できるまで時間をかけて自分の気持ちと向き合いましょう。結論を出す前に、親やきょうだいに相談してみて。あなたとは違った視点から相手を評価してくれます。

パートナーと価値観の違いを感じたら、一度立ち止まって今後の付き合い方を冷静に考え直してみましょう。一気に燃え上がる恋も長続きはしません。もし出会いに恵まれないと感じたら無理をせず、ひとりの時間を充実させること。趣味や仕事のスキルアップなど、内面磨きに勤しみましょう。そのようにしてあなたの魅力をアップさせ、次のチャンスに備えてください。

2024年の 家庭運

先入観を持たずに、相手の意見を聞く

仕事より家族との時間を大切にしてください。時間の長短ではなく、密度の濃い時間をともに過ごすように心がけて。家族一人ひとりの話を最後まで聞き、その奥にある気持ちを思いやるやさしさが必要です。正義感が強く保守的なあなたは、正論で相手を責めがち。トラブルが起きたら、先入観を持たず落ち着いて、まずは話を聞くようにしてください。特に子どもとコミュニケーションをとるときは、同じ目線に立ち、冷静な態度を保つこと。また、子どもへの投資は、家族の絆を強くしてくれるのでセーブしてはいけません。

２０２４年は夫婦や親子、きょうだい関係が変化する可能性があります。改革運は「何かを引き継ぐ」運気。家族でお墓の継承や相続に関する問題を話し合うこともあるでしょう。いろいろな意見が出るでしょうが、まずは相手の話を冷静に聞くことから始めましょう。あなたの価値観を押しつけてはいけません。すぐに結論は出ないかもしれませんが、家族の考えを知ることが大切になります。

2024年の人間関係運

ぬくもりが伝わる自筆の手紙を

友だちや身近な人たちとの縁を実感する1年になります。遠方にいる知人たちとの交流も復活しそうです。手紙やメールでお互いの近況を報告し合いましょう。あなたの変化や近況も、こまめに連絡をして。SNSだけでなく、たまには自筆のカードや手紙を送ると関係が深まります。

相談を受けたら親身になってあげてください。相手の話はじっくりと聞くこと。それだけで相手の気持ちは落ち着き、いっそう絆が深まるはずです。それができなかったら、それまでの縁だったと考えましょう。

趣味を通してできたネットワークを生かし、イベントなどの計画を立ててもいいでしょう。ただし、お付き合いの浅い人とはプライベートなことにかかわらないこと。適度な距離感をキープし、場を読んで、臨機応変な対応をすることが大切です。

ご近所や顔見知りの人とは、トラブルを防ぐためにも笑顔での挨拶を忘れないように。そして玄関まわりは常にきれいにして、よい気を呼び込みましょう。

２０２４年の住宅運

新築・引越しは来年以降に

２０２４年は、新築、引越し、土地の購入、大規模リフォームは、計画までにとどめておいたほうがいい時期です。どうしても引越さなければならない場合は、現在住んでいる場所から、年の吉方位にあたる北、南、南東となる場所を選びましょう。理想的なのは、年の吉方位と月の吉方位が重なる月に、その吉方位に引越すこと。北なら２月、４月、10月、11月、南なら１月、３月、４月、９月、10月、南東なら４月、５月、７月、８月、25年１月は北、南、南東ともＯＫです。

ただし、あなたの天中殺《てんちゅうさつ》（50ページ参照）にあたる月は避けましょう。また、あなたが辰巳《たつみ》天中殺なら、２０２４年は年の天中殺。世帯主の場合、２０２５年までは土地の購入までにして、引越しは避けたほうが無難です。

住まいの気を発展させるには、部屋の北西の風通しをよくし、いつもきれいに掃除しておきましょう。北東に盛り塩を置くと２０２４年の運気の波にのることができます。古い物は処分し、新しい物に替えて、気を整えましょう。

2024年の 健康運

自然の中でリフレッシュを

環境や人間関係の変化が原因で、ストレスがたまりやすくなります。また承認欲求が満たされず、体調に影響が出やすくなります。疲れを感じる前に、早めに休息をとるように心がけてください。不調を感じたら、医療機関を受診しましょう。

ハイキングをしたり、高台にあるカフェで休んだりするとパワーをチャージできます。休日はグランピングなど、家族や友人と一緒に自然の中でリフレッシュするのもおすすめです。また、常に体を冷やさないようにすることも重要。バスタブに浸かって体をあたためた後は、アロマポットやディフューザーを利用するといいでしょう。好きな香りに包まれながら、リラックスタイムを過ごしてください。

2024年、特に気をつけたいのは腰や耳鼻咽喉の不調です。定期的に鼻うがいをしつつ、早めに就寝するなど規則正しい生活を心がけること。筋肉が固くなりやすいので、マッサージやエステなどでほぐし心身を整えましょう。ときには、少し高級な牛肉を食べてエネルギーをチャージするのもおすすめです。

COLUMN 1

～2024年のラッキー掃除～

情報がスムーズに入るように掃除・整頓を

2024年は情報が入ってくる東の方位(家の中心から見て)が重要になってきます。東に段ボールや古新聞を置いていると、よい情報が入るのを邪魔します。忘れてはならない場所が、冷蔵庫の野菜室。野菜くずや汚れを残さないように水拭きし、食材を整理して収納しましょう。

また、電気関連の場所も大切なポイントです。分電盤やコンセントカバーなどにホコリを残さないように。パソコン本体はもちろん、キーボードの溝《みぞ》も綿棒などを使って、清潔さを維持するようにしてください。

第3章

六白金星の
運気を上げる風水習慣

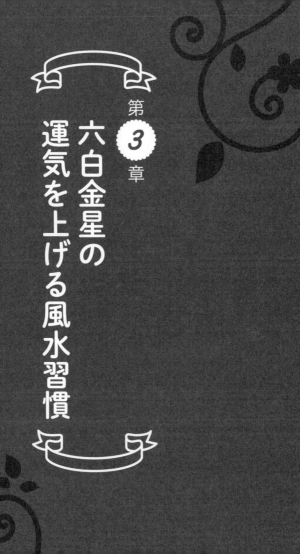

金運アップのアクション

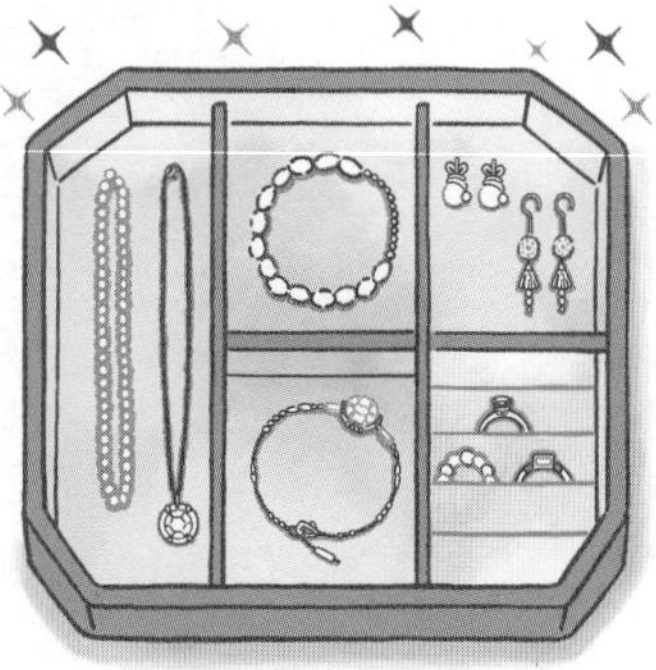

アクセサリーを整理整頓する

美しい収納で気分も上がる

　2024年の金運アップのアクションは、クリスタルやビーズのアクセサリーを整理整頓することです。細かい作業が苦手なあなたですが、一度整理してみて、アクセサリーをきれいに収納することを習慣にしましょう。

　ジュエリーボックスなどを使い、ショップのように陳列しましょう。美しいお気に入りのアクセサリーが丁寧に飾られていると気分が上がるはず。やる気が出てきて、仕事でも活躍の機会が増えるようになり、金運アップにつながります。

お金の風水

カトラリーをピカピカに磨く

２０２４年は活気にあふれ、会食やパーティーが多くなります。パーティーに参加して人脈を広げることが金運を開く鍵。家庭でもパーティーに欠かせない銀やステンレスのカトラリーを磨きましょう。それも顔が映るぐらいピカピカにしておくこと。

磨き上げたカトラリーはアイテム別にまとめ、上下を揃《そろ》えて収納を。引き出しは隅々まできれいにして、ホコリやゴミを残さないことも大切です。

家でもBGMを楽しむ

２０２４年の中宮・三碧は音や響きを象徴する星です。コンサートやライブを楽しむのはもちろん、家の中でも好きな音楽を聴くとよい気を呼び込めます。家事をするときやバスタイム、メイクをするときもＢＧＭを流して音を楽しむといいでしょう。いつも美しいメロディーやリズムに触れていると、自然にパワーを充電できます。

特にきれいに掃除した部屋の中央で、音楽を聴くのがおすすめです。

仕事運アップのアクション

きれいな靴を履く

足元をおろそかにしない

２０２４年の仕事運アップのアクションは、きれいな靴を履くことです。営業などで人と会うとき、相手の靴が目に入ることが多いのでは。靴が汚いと仕事ができないと思われてしまいます。履いた靴はブラシでホコリを落としましょう。クリームを使って磨くのは、毎日でなくてＯＫ。革が傷むので磨きすぎに注意してください。

履いた靴は三和土《たたき》に出しっぱなしにせず、靴箱に収納すること。１日履いた靴をすぐ収納することに抵抗があるなら、外出時に新しい靴と入れ替えて。

仕事の風水

こまめに情報を更新する

数字が並んでいるカレンダーは仕事運をアップさせます。さらに2024年は情報の更新が重要なポイントになります。きちんと月や日ごとに新しいページをめくるようにすること。また、手帳には新しいアイデアやミッションを書き込むといいでしょう。

パソコンも古いデータをいつまでもデスクトップに置かないようにしましょう。データは保存するか削除し、ソフトのアップデートも忘れないこと。

北西のスペースを整える

仕事運を司る方角は北西です。家の中心から見て北西の場所や部屋を常にきれいに整えてください。2024年は、木製アイテムがよい気を呼び込みます。北西の方角に木製のブックエンドや文具箱を置き、毎日の拭き掃除も欠かさないように。

キャビネットやデスクを置く場合は、書類などを置きっぱなしにせず、引き出しの中に片づけて。整理整頓で、仕事がしやすい環境をキープしましょう。

恋愛・結婚運アップのアクション

部屋の東に
花の絵を飾る

絵が気持ちを華やかに

２０２４年の恋愛運アップのアクションは、部屋の東に花の絵を飾ることです。東は人気運や恋愛運を司る方位。ここに花が描かれた絵を飾り、毎日見ることで運気が高まります。山を背景にした家の庭に花が咲いている絵、あるいは森の中にある家がベスト。山や森などが発するパワーを毎日受け取って素敵なご縁を引き寄せて。

東に飾るのは、ポスターやポストカードでもＯＫです。絵から発する気が部屋全体に循環するよう、風通しを忘れないでください。

おそうじの風水

東に植物を置き、世話をする

植物は風水のラッキーアイテムのひとつです。三碧の年は東の方角からよい情報が入ってきます。２０２４年は東に観葉植物や生花を置きましょう。観葉植物の葉にホコリが残らないようにやさしく拭き、花瓶の水は毎日取り替えること。鉢や花瓶も汚れをとるように心がけてください。

　枯れた葉や花は邪気になります。こまめに手入れして、枯れたものを残さないようにしてください。

楽器や電化製品を手入れする

２０２４年は音にかかわるものが重要なアイテムになります。ピアノやギターなど楽器にホコリを残さないように手入れしてください。普段使わないものでも、こまめにお手入れを。しまい込んでいる楽器も同様です。

　また、三碧は電気の象意も持っています。エアコンや冷蔵庫、テレビ、電子レンジなどの電化製品もきれいにすることが大切です。細かい部分まで丁寧に掃除してください。

バスグッズを
白系に揃える

住宅運アップのアクション

浄化のパワーに頼る

２０２４年の住宅運アップのアクションは、バスグッズを白系の色で揃えることです。六白のラッキーカラーである白には、浄化のパワーがあります。水をたくさん使う浴室は、１日の汚れだけでなく、悪い気を流す場所でもあります。桶やソープディッシュはもちろん、シャンプーなども白系のボトルに入れ替え、気を整えましょう。

石けんやシャンプーは床に直接置かず、棚などにきれいに並べましょう。数もできるだけ少なくし、整理整頓を心がけると運気の底支えになります。

住まいの風水

花を育てる

　草花は三碧の象意です。庭があるお宅なら、四季を通して花が咲くようにガーデニングをしましょう。庭がない場合は、ベランダガーデニングで花を育ててください。

　また、よい気や情報は玄関やベランダから入ってきます。玄関やベランダに余分なものを置くと、それらがよい情報を遮《さえぎ》ってしまいます。開口部はきれいに整え、気がスムーズに入るようにしましょう。

フローリングを磨く

　フローリングに掃除機をかけ、その後、ピカピカになるまで磨き上げましょう。木材の持つパワーを引き出すことができます。また、傷があれば、その手入れも忘れずに。

　畳やじゅうたんもきれいに掃除してください。大地に近い床は、大きなパワーが漂う場所です。住まいに大地のパワーを常に取り入れるためにも、床には不要なものを置かず、きれいにしておくことが大切です。

吉方位と凶方位のこと

方位はよくも悪くも運に影響を与えます

風水では、吉方位への神社参りをしてくださいとよくアドバイスします。私自身、ほぼ毎日、日の吉方位にある近くの神社へ散歩をしながらのお参りを欠かさずしています。吉方位とはあなたのライフスターが持つラッキー方位（12ページ参照）とは別のもので、自ら動いていくことでよい気をもたらす方位のこと。自分の生活拠点、つまり住んでいる場所（家）を基点に考えます。

旅行や引越しで方位を気にするのは、自分の運気がよくも悪くも宇宙の磁場の影響を受けるから。でも、吉方位へ動けば、自分の磁力が活性化して気力にあふれ、どんどんよい気がたまっていき、巻頭で述べたような「気を発する人」になるのを手助けしてくれます。

吉方位には年の吉方位、月の吉方位、日の吉方位があり、それぞれライフスターで異なります。凶方位も同様です。生活の中に吉方位を取り入れるときは、目的によって左ページのように使い分けます。

日の吉方位

日の吉方位と凶方位は毎日変わります。スポーツなどの勝負ごとや賭けごと、プロポーズ、商談などその日に決着がつくことには、日のみの吉方位（第4章のカレンダーを参照）を使います。

月の吉方位

月ごとにも吉方位と凶方位は変わります。数日間滞在するような旅行は、月と日の吉方位が重なる日に。風水では月替わりが毎月1日ではないので、第4章の月の運気で日付を確認してください。

年の吉方位

年の吉方位は、その年を通してあなたに影響を与え続ける方位です。引越しや住宅購入、転職は方位の影響を受け続けることになるので、年（26ページ参照）、月、日の吉方位が重なる日に。

天中殺は運気の貯蓄をするとき

運気が不安定になる時期をチェック

天中殺とは、周囲が味方になってくれない時期を意味します。自分でコントロールすることができない運気で、これも私たちが持つ運気のひとつです。

天中殺の時期は、家の外は嵐という状態。出る杭《くい》は打たれるというときなので、何の準備もしないで外＝社会に出ていけば、雨風に打たれて心身ともに疲労困憊《こんぱい》してしまいます。ですから前もって自分の天中殺を知っておくことが大切です。天中殺には運気が不安定になるので、不安や迷いを感じやすくなったり、やる気が出なかったりと、マイナスの影響がもたらされてしまいます。

天中殺は、年、月、日と3種類あり、生年月日によって、子《ね》丑《うし》天中殺、寅《とら》卯《う》天中殺、辰《たつ》巳《み》天中殺、午《うま》未《ひつじ》天中殺、申《さる》酉《とり》天中殺、戌《いぬ》亥《い》天中殺の6つに分けられます。まずは54ページ、１３３～１３５ページの表をもとに、自分の生年月日から割り出してみてください。

PRESENT

『九星別ユミリー風水』16周年記念
読者プレゼント

読者の皆さまへ感謝の気持ちを込めて、
プレゼント企画を実施中です。

＼金運UP！／
招き猫

ゴールドのかわいらしい招福金運招き猫。
金運はもちろん、人を呼び込んで人気運もアップ。
玄関に向かって正面の位置
もしくは西の方角に置くと○。

A賞
招き猫
5名様

B賞
図書カード（1000円）
20名様

応募方法

大和書房ユミリーサイトへアクセス！
https://www.daiwashobo.co.jp/yumily/

ユミリープレゼント で検索

携帯電話は
こちらから

応募フォームに必要事項をご記入のうえ、
ご希望の商品を選んでください。

▶▶ 応募締め切り
2024年2月29日（木）

誰もが受ける社会から降りかかってくる運気

天中殺は社会から降りかかってくる運気です。ですから、極論をいえば、社会に出なければ天中殺の現象を受けることはありません。でも、社会とかかわりを持って生活する以上そうはいきません。天中殺とは逃れることのできない、〝宿命〟のようなものなのです。ただし、何に気をつければいいのかがわかれば、天中殺の現象を軽減させたり、避けたりすることができます。

天中殺の時期は、社会との摩擦《まさつ》を減らす意味で、受け身に徹したり、自分の言動を戒《いまし》めたりすることが肝心です。自分の欲のために行動したり、新しいことをしたりしてもあまりうまくいかないと心しておきましょう。頑張っても努力が報われにくいときなので、それがわかっていればたとえ失敗しても心のダメージは少ないはずです。

天中殺を無難に過ごすためには、天中殺が来る前から風水生活を実践し、運気の貯蓄をすることで気を高めておくことです。本書にある運気に沿った生活をすることもそうですし、吉方位を使った神社参りやゆったりとしたスケジュールの旅行、また、住まいをきれいに掃除するなど、家の環境を整えることもよい運気の貯蓄になります。

年、月、日の3種の天中殺

では、〝宿命〟ともいえる天中殺はいつやってくるのでしょうか？　天中殺には年の天中殺、月の天中殺、日の天中殺があり、12年に2年間やってくるのが年の天中殺、12か月に2か月間やってくるのが月の天中殺、12日に2日間めぐってくるのが日の天中殺です。めぐってくるタイミングも、6つの天中殺によって異なります。

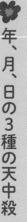

3種の天中殺のうち、運気に一番大きく作用するのが年の天中殺です。年の天中殺のときに、人生の転機となるような選択をするのはおすすめできません。月の天中殺は2か月間と期間が短くなるので、天中殺の現象が集中することもあります。これらの2種の天中殺に比べると、日の天中殺は運気への影響は少ないといえます。とはいえ、いつもなら勝てる相手に負けてしまう、他人の尻ぬぐいをさせられてしまう、異常に忙しくなる、やる気がまったく出ない……といった影響が出ることもあります。日の天中殺は第4章にある各月のカレンダーに記載してあるので参考にしてください。

2024年は辰年で辰巳《たつみ》天中殺の人にとっては、年の天中殺にあたります。ライフスターごとの運気にかかわらず、辰巳天中殺の人は運気に影響を受けるでしょう。でも、自分のライフスターの運気が絶好調の頂上運の場合は、その運の強さが働いて天中殺の現象を軽減してくれることもあります。逆に運気が低迷する停滞運のときは、天中殺の影響が強く出やすいといえます。

年の天中殺がいつやってくるのかは、左の表でチェックしてください。前述しましたように、天中殺の現象を軽減することは可能です。年の天中殺がいつやってくるかを知ったら、ただ待つのではなく風水生活をきちんと実践して、天中殺に向けての準備をしっかりしておきましょう。

あなたの年の天中殺は？

2024年	辰	辰巳天中殺
2025年	巳	辰巳天中殺
2026年	午	午未天中殺
2027年	未	午未天中殺
2028年	申	申酉天中殺
2029年	酉	申酉天中殺
2030年	戌	戌亥天中殺
2031年	亥	戌亥天中殺
2032年	子	子丑天中殺
2033年	丑	子丑天中殺
2034年	寅	寅卯天中殺
2035年	卯	寅卯天中殺

天中殺の割り出し方

**133～135ページの基数早見表で基数を探し、
誕生日を足して割り出します。**

例 1980年5月15日生まれの場合

基数		誕生日の日にち		合計
10	+	15	=	25

基数は10で、生まれ日の15を足すと合計が25。右の表から、21～30の「午未天中殺」があなたの天中殺になります。合計が61以上になる場合は60を引いた数になります。

天中殺の早見表

1～10	戌亥天中殺
11～20	申酉天中殺
21～30	午未天中殺
31～40	辰巳天中殺
41～50	寅卯天中殺
51～60	子丑天中殺

♡子丑天中殺 ねうしてんちゅうさつ

子年と丑年が年の天中殺で、毎年12月と1月が月の天中殺です。月の天中殺以外では、毎年6月と7月は社会や周囲の応援が得られにくくなるので要注意。この天中殺の人は、他人のために進んで働くタイプ。目上の人の引き立ては少なく、自分自身で新しい道を切り開いていける初代運を持っています。目的に向かってコツコツ努力する大器晩成型です。

♡寅卯天中殺 とらうてんちゅうさつ

寅年と卯年が年の天中殺で、毎年2月と3月が月の天中殺です。月の天中殺以外では、毎年5月は社会からの支援が得られにくくなるので要注意。この天中殺の人は、失敗してもクヨクヨせず、6つの天中殺の中で一番パワフル。度胸はいいほうですが、少々大雑把《おおざっぱ》な性格です。若い頃から親元を離れて生きていく人が多いようです。

♡ 辰巳天中殺　たつみてんちゅうさつ

辰年と巳年が年の天中殺で、毎年4月と5月が月の天中殺です。月の天中殺以外では、12月と1月は周囲の協力や支援を得にくく孤立しがちなので要注意です。この天中殺の人は、型にはまらず個性的で、いるだけで周囲に存在感をアピールできるタイプ。行動力は抜群で、苦境に立たされても乗り越えるたくましさを持っています。

♡ 午未天中殺　うまひつじてんちゅうさつ

午年と未年が年の天中殺で、毎年6月と7月が月の天中殺です。月の天中殺以外では、11月と12月は周囲の支援が得られないだけでなく、体調を崩しやすくなる時期。この天中殺の人は、冷静で情報収集が得意。先を見て行動する仕切り屋タイプが多いようです。困ったときには誰かが手を差し伸べてくれる運の強さを持っています。

♡ 申酉天中殺　さるとりてんちゅうさつ

申年と酉年が年の天中殺で、毎年8月と9月が月の天中殺です。月の天中殺以外では、社会からの支援や協力を得にくくなる4月と5月は言動に要注意。この天中殺の人は、ひとりで複数の役目をこなす働き者。でも、キャパを超えると右往左往することも。世の中の動きを素早くキャッチし、金運にも恵まれています。

♡ 戌亥天中殺　いぬいてんちゅうさつ

戌年と亥年が年の天中殺で、毎年10月と11月が月の天中殺です。月の天中殺以外では、毎年6月と7月はなんらかの環境の変化で悩むことが多くなる時期。この天中殺の人は、6つの天中殺の中で一番多くの試練に遭遇《そうぐう》します。でも、自力で道を開き、周囲のエネルギーを自分のパワーに変えていける強さを持っています。

COLUMN 2

～2024年のラッキー家事～

音が出るアイテムと家電の手入れを

三碧木星の象意のひとつは音です。2024年は音が出るものを常にきれいにすると、よい情報が入りやすくなります。楽器やドアベルなどはホコリを払い、水拭きできるものは水拭きを毎日の掃除に組み入れましょう。

電気や振動も三碧の象意。キッチンにあるフードプロセッサーやブレンダー、コーヒーメーカー、電子レンジも汚れを残さないようにきれいに掃除してください。テレビ、ヘッドホン、スマホなど音にかかわる電化製品もホコリを残さないようにしましょう。

第4章 六白金星の毎日の運気

2024年の運気

年の後半からゆっくり上昇する運気

２０２４年はひと休みする静運からスタートします。生活習慣を見直すなど自分の内面に目を向け、エネルギーをチャージしましょう。ここでしっかり休んでおくと、2月以降の運気の波にスムーズにのることができます。その後の運気は5月まで右肩上がりになります。6月の停滞運を乗り切れば、12月に向かって運気はまた上昇していきます。

5月の頂上運は、大きなチャレンジのタイミングになります。まわりの視線があなたに集まり、賞賛を受けることもあるでしょう。臆さずステージに上がり、存在感をアピールしてください。恋愛月の8月は情熱的な恋に落ちるかも。信頼関係が長続きするかどうかが鍵になります。仕事で一定の実績をあげることができるのは、2月と11月の結実運です。後半の仕事運は人脈づくりや忍耐があなたを支えてくれます。

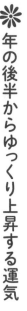

2024年の波動表

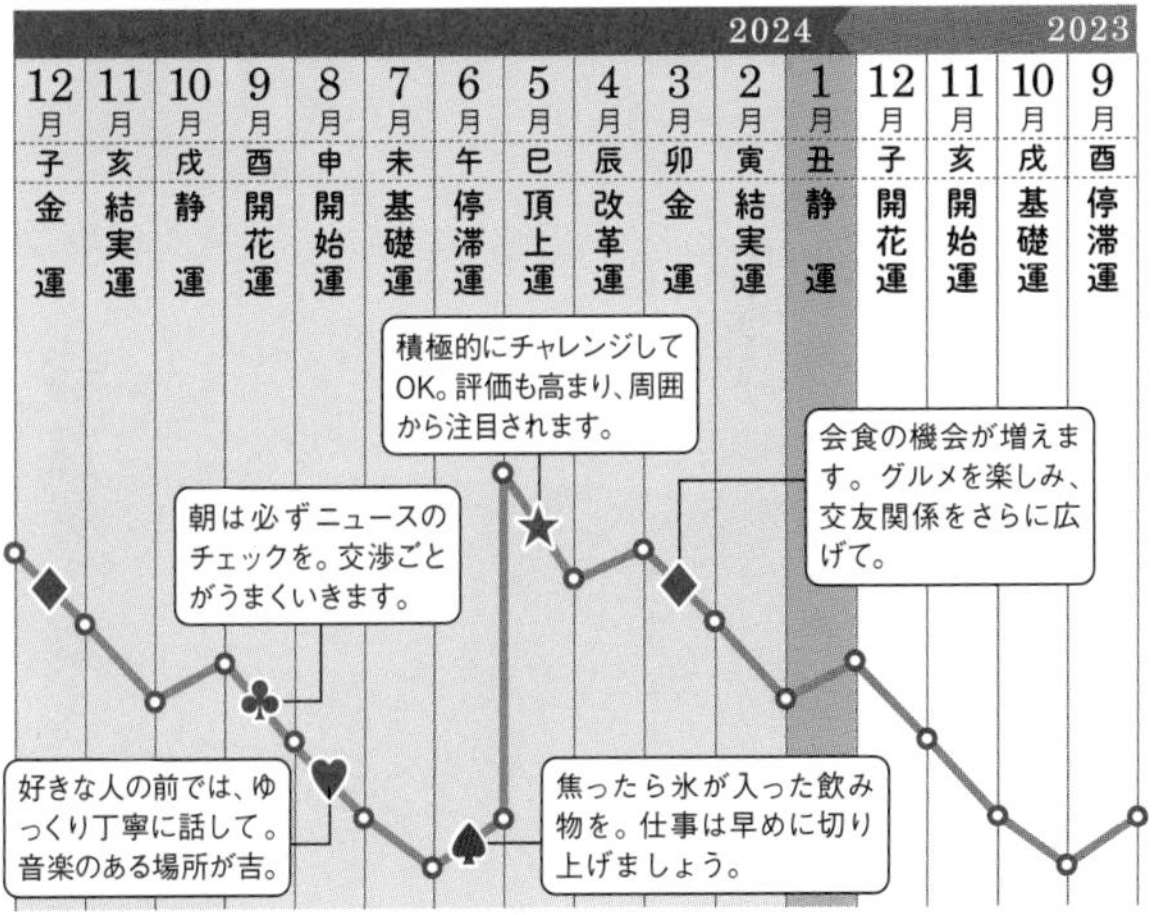
2024
2023
12月 子 金運
11月 亥 結実運
10月 戌 静運
9月 酉 開花運
8月 申 開始運
7月 未 基礎運
6月 午 停滞運
5月 巳 頂上運
4月 辰 改革運
3月 卯 金運
2月 寅 結実運
1月 丑 静運
12月 子 開花運
11月 亥 開始運
10月 戌 基礎運
9月 酉 停滞運
積極的にチャレンジしてOK。評価も高まり、周囲から注目されます。
会食の機会が増えます。グルメを楽しみ、交友関係をさらに広げて。
朝は必ずニュースのチェックを。交渉ごとがうまくいきます。
好きな人の前では、ゆっくり丁寧に話して。音楽のある場所が吉。
焦ったら氷が入った飲み物を。仕事は早めに切り上げましょう。

9つの運気

停滞運	芽吹きを待つといった冬眠期で、しっかり休んでエネルギーを充電したいリセット期。
基礎運	そろそろ活動しはじめることを考えて、足元をしっかり固めておきたい準備の時期。
開始運	種まきをするときで、物事のスタートを切るのに適している時期。
開花運	成長して花を咲かせるときなので、行動的になり、人との出会い運もアップします。
静　運	運気の波が安定するリセット期。外よりも家庭に目が向き、結婚に適した時期。
結実運	これまでの行動の成果が出るときで、社会的な地位が高まって仕事での活躍が光る時期。
金　運	努力が実を結ぶ収穫期で、金運に恵まれるとき。人付き合いも活発になります。
改革運	今一度自分と向き合いたい変革期。変化には逆らわず、身をまかせたいとき。
頂上運	運気の勢いが最高のとき。これまでの努力に対する結果が現れる、頂上の時期。

6月は無理をせずしっかり休みましょう。金運にも恵まれないので貯金は崩さないように。また、2ヶ月間続く自分の月の天中殺には、争いごとは避け、受け身の姿勢を心がけましょう。

★ 強運、♠ 要注意、♥ 愛情運、♦ 金運、♣ 人間関係運

2023
September

停滞運　2023.9.8 ～ 2023.10.7

行動を控える月。ひとり時間を大切に

部屋を整え、エネルギーチャージを

運気が低迷しているときなので、おとなしくひとりで過ごすのが正解です。行動するのは控え、家でゆっくりリセットする時間を持ちましょう。現状を変えようと頑張っても体力を消耗するだけで、打開策はみつかりません。トラブルに対応する余力もないので、周囲ともあまりかかわらないようにし、すべきことを淡々とこなしてください。仕事よりもプライベートを優先し、内面磨きに時間を割くと気が整ってきます。仕事が終わったら、残業やお付き合いを避け、早めに帰宅しましょう。

イライラしたら水回りの掃除を念入りにして。寝室を片づけ、睡眠環境を整えるとリラックスした時間を過ごせます。カフェや図書館、エステなど、家や職場とは違う憩いの場をつくるのもおすすめです。

9月の吉方位	南西
9月の凶方位	北、南、東、西、北東、南東

2023 October

10月

基礎運　2023.10.8 ～ 2023.11.7

焦りは禁物。チャンスに備えて

計画的に物事を進め、土台づくりに専念

縁の下の力持ちになり、地道な努力を続けるときです。将来に備え、強固な土台をつくりましょう。思うような結果が出ず、すぐにでも動き出したくなりますが、グッと我慢を。また、要領よく立ち回ろうとせず、あえて面倒なことに取り組んでみて。自分にプレッシャーをかけ、厳しい道を選ぶと今後の糧《かて》になります。下調べや情報収集に努め、これからめぐってくるチャンスに備えましょう。ただし、人に頼らずなんでもひとりで進めようとすると、結果がついてきません。協力してくれる人は必ずいるので、周囲に助けを求めましょう。

隙間時間を有効に使い、語学や資格取得のための勉強を始めましょう。焦らず丁寧に取り組むことが大切です。楽なほうに流されると、運気を下げるので気をつけて。

10月の吉方位　東

10月の凶方位　北、南、北東、南西、東南東

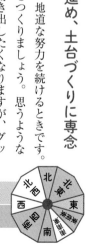

2023
November

開始運　2023.11.8 ～ 2023.12.6

パワーみなぎる月。積極的な行動を

❋チャンスをつかみ、新しいことに挑戦

これまで準備してきたことを行動に移すときです。やりたいと思ったことにはどんどんチャレンジを。動くほどにパワーがみなぎり、モチベーションも上がるでしょう。人付き合いも増えるので、あなたの長所をアピールすること。失敗を恐れず、攻めの姿勢でいると運気の波にのることができます。前向きに取り組むあなたの姿に刺激を受け、周囲も活気づくはずです。ただし、張り切りすぎると、人とぶつかってトラブルになるかも。自分のペースで進めると、孤立してしまうので、人の和を大切にしましょう。

準備不足と感じるなら、次の機会まで待つほうが無難です。勢いづいて無理をしがちなので、ペースダウンし、意識的に体を休めるようにしてください。

11月の吉方位	なし
11月の凶方位	北、南、東、西、北東、北西、南西、南南東

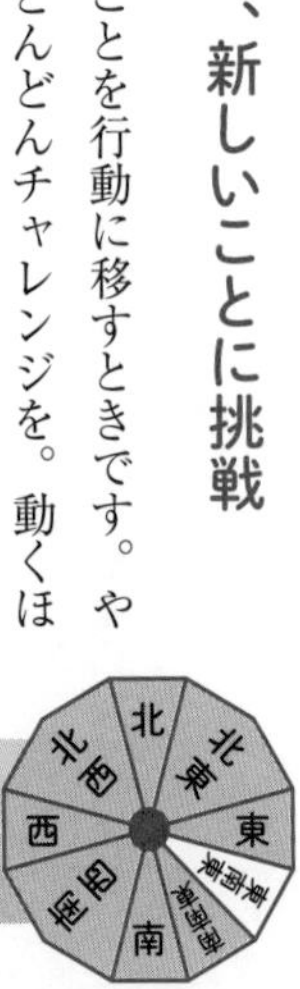

2023
December
12月

開花運 2023.12.7 ～ 2024.1.5

人脈が広がる時期。態度には注意して

人脈を生かし、新しいチャレンジを

運気は引き続き上昇しています。持ち前の行動力で、目標に向かって突き進みましょう。躊躇《ちゅうちょ》して、タイミングを逃さないよう気をつけて。交流の機会が増えると、その人脈が新たなチャンスを運んできます。コミュニケーション力が運気を安定させる鍵になるので、忘年会などのイベントは積極的にアクセスし、年末年始の挨拶もきちんと行いましょう。大人らしいスマートなマナーを身につけ、笑顔での挨拶も忘れないでください。ただし、人脈が広がると、要注意人物とのかかわりもあるかも。どんなときもこちらから攻撃してはいけません。

知り合って間もない人からの頼みごとは安請け合いしないように。いったん持ち帰って検討し、できないことは断りましょう。優柔不断な態度はトラブルのもとです。

12月の吉方位	北東
12月の凶方位	北、南、東、西、北西、南東、南西

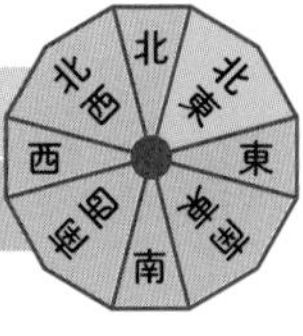

2024 January

1月

静運　2024.1.6 〜 2024.2.3

開運3か条
- ヨーグルトを食べる
- 謙虚になる
- ゴールドを身につける

周囲の意見を聞き、穏やかに過ごす

新年早々、思うように動けずフラストレーションがたまりそうです。パワーも低めで、無理はできません。今月はプライベート優先で過ごしましょう。家族と一緒に食卓を囲み、生活習慣を見直してください。欲張らず、現状維持ができればＯＫと割り切ることが大切です。

何事も合理的に進めたいあなたですが、周囲から突然スケジュール変更を求められることもありそう。イライラして正論を押し通すとトラブルになります。戦わず、丸く収めることを心がけてください。

来月以降の運気の回復に向け、身のまわりを整えることが大切です。不用品は処分し、こまめに掃除や片づけをしてください。テーブルの中央に生花を飾ると、気持ちが安定します。

1月の吉方位	北、南
1月の凶方位	東、北東、北西、南東、南西

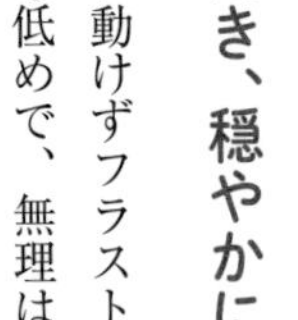

この天中殺の人は要注意

子《ね》丑《うし》天中殺

上司や目上の人とのトラブルに注意してください。想像以上に解決に苦労しそう。信頼関係を維持する努力が必要です。また、交通事故にも要注意。車は丁寧に整備し、常に安全運転を心がけてください。

仕事運

同僚や部下の失敗のフォローなど、人が嫌がる仕事が回ってきて責任が大きくなりそう。不平不満を言わずに冷静に受け止めてください。過去のトラブルが蒸し返され、営業面に支障をきたす可能性もあります。デスクまわりやオフィスの掃除、整理整頓をして、気が整うように心がけましょう。

金運

ストレスを年明けのセールで発散させたくなります。購入後に後悔しないように収支のバランスは崩さないこと。ただし、子どもにかかる費用は惜しまないで。自分の内面を高める読書や勉強にかかる費用もOK。将来を見据え、投資の勉強を始めてもいいでしょう。

愛情運

※子丑天中殺の人は結婚の話は先にのばして

気持ちが安定を求め、結婚願望や安定した生活を求めたくなります。恋人同士なら充実した時間が過ごせ、結婚の話が出る可能性も。結婚のために出会いを求めると、お付き合いはすぐに終わりそう。出会いより内面を磨き、恋愛力アップを目指しましょう。くされ縁に引きずられているなら、解消するチャンスです。

1月のおそうじ風水 ▸ **キッチンのゴミ箱。外側やふたの裏もきれいに**

日	六曜／天中殺 祝日・歳時記	毎日の過ごし方 ★強運日 ♠要注意日 ♥愛情運 ◆金運 ♣人間関係運	吉方位	ラッキーカラー
1 月	赤口／子丑 元日	おせちを食べる前におとそを飲んで無病息災を願いましょう。	東、北西、南西	水色
2 火	先勝／子丑	★家族と初詣に出かけて。新年を気持ちよくスタートできます。	南東	ベージュ
3 水	友引／寅卯	感情のコントロールが大事。子どもがいたらお年玉をあげて。	北、南、南東	キャメル
4 木	先負／寅卯	華やかな場所に行く機会があればアクセサリーを身につけて。	南、北東、南西	赤
5 金	仏滅／辰巳	仕事始めの人は早めの出勤を。時間と心に余裕ができます。	北、西、北東、南西	青
6 土	大安／辰巳 小寒	冷蔵庫にある残り物で作り置き料理をすると、気持ちが安定。	北、南、西	金色
7 日	赤口／午未	交友関係が広がるとき。七草粥で疲れた胃腸を休めましょう。	南、北東	銀色
8 月	先勝／午未 成人の日	♥パートナーの趣味に付き合うとふたりの関係が深まります。	南東	茶色
9 火	友引／申酉	自炊するなら泥つき野菜がおすすめです。プラス思考に。	東、西、北西、南東	山吹色
10 水	先負／申酉	♠何をやってもうまくいかないかも。水回りの掃除をすると○。	東、北西、南西	紺色
11 木	赤口／戌亥	仕事にはまじめに取り組んで。ポジションアップが叶うかも。	南東	紫
12 金	先勝／戌亥	周囲で変化があっても落ち着いて対応を。マイペースが大切。	北、南、南東	キャメル
13 土	友引／子丑	将来のマネープランを立てる好機です。金運が活性化します。	南、北東、南西	赤
14 日	先負／子丑	車で話題のスポットに遠出すると吉。素敵な時間になりそう。	北、西、北東、南西	水色
15 月	仏滅／寅卯	残業はせず、まっすぐ家に帰り、ゆっくり湯船に浸かって。	北、南、西	黄色

日	曜日	六曜／干支	運勢	吉方位	ラッキーカラー
16	火	大安／寅卯	♣人とのつながりからヒントあり。ネットワークを生かして。	南、北東	黄緑
17	水	赤口／辰巳	やりたかったことをスタートさせて。ただし準備はしっかり。	南東	ワインレッド
18	木	先勝／辰巳 土用	仕事では縁の下の力持ちに徹して。後で努力は認められます。	東、西、北西、南東	黒
19	金	友引／午未	トラブルが発生したら、手を洗ってひと呼吸しましょう。	東、北西、南西	水色
20	土	先負／午未 大寒	アウトドアで過ごすとラッキー。おしゃれして出かけて。	南東	ベージュ
21	日	仏滅／申酉	気がのらない誘いは受けないで。ときには断る勇気も必要です。	北、南、南東	金色
22	月	大安／申酉	◆少々のリスクなら挑戦しましょう。副収入があるかも。	南、北東、南西	黄色
23	火	赤口／戌亥	リーダーのための勉強会で、進むべき方向がはっきりしそう。	北、西、北東、南西	青
24	水	先勝／戌亥	部屋の中央に花を飾ると吉。いい波にのれるかもしれません。	北、南、西	クリーム色
25	木	友引／子丑	周囲との協調を大切にすれば望む結果に。和室で過ごすと○。	南、北東	ペパーミントグリーン
26	金	先負／子丑	高望みはせず人間性に関心を向ける賢い目を持つようにして。	南東	茶色
27	土	仏滅／寅卯	ネガティブ思考になりがち。公園を散歩して気分転換を。	東、西、北西、南東	黒
28	日	大安／寅卯	体の冷えがメンタルにも影響。ホットティーでリラックス。	東、北西、南西	水色
29	月	赤口／辰巳	自己過信はせず人と争わないで。真摯《しんし》に聞く態度が開運の鍵。	南東	オレンジ
30	火	先勝／辰巳	現状からの脱却はよく考えて。流れに逆らわないほうが無難。	北、南、南東	白
31	水	友引／午未	普段は行かないお店を覗いてみて。掘り出し物があるかも。	南、北東、南西	赤

＊祝日法の改正により、祝日や休日が一部変更になることがあります。

2024
February

2月

結実運　2024.2.4 〜 2024.3.4

開運3か条
- 名刺の整理
- 寄付をする
- タクシーに乗る

周囲と歩調を合わせ、前進して

先月と打って変わり、心身ともにパワーがみなぎってきます。運気は好転し、全力で活動できるでしょう。強いリーダーシップを発揮するあなたですが、運気を味方につけるためには「聞く力」が重要になります。周囲の意見を取り入れると、新しいステージが見えてくるでしょう。起業家や投資家と出会うチャンスもあるかも。調子がいいので、ついつい強気になり欲張りたくなりますが、目先だけではなく将来の可能性を考えて判断することが大切です。

接待や会食が増え、疲れがたまりがちです。食べすぎや飲みすぎに注意してください。疲れを感じたら、高級ホテルのラウンジでアフタヌーンティーを。豊かな時間を楽しむとリラックスできます。

2月の吉方位	北、北東、南南西
2月の凶方位	南、東、北西、南東、西南西

この天中殺の人は要注意

寅《とら》卯《う》天中殺

家族内でお墓や相続問題で誤解が生まれそう。特に母親やきょうだいには、誤解されないように丁寧な言葉で話し合うようにしてください。遅刻が大きなトラブルにつながるので注意しましょう。

仕事運

パソコンのアップデートやデータの整理をしましょう。あなたの思考も整理され、プロジェクト成功の道が見えてきます。上司の意見に耳を傾けると、さらに物事はスムーズに動くでしょう。時間を有効に使うことが仕事運を左右します。早めに出勤して仕事の段取りを。アナログ時計でこまめに時間管理をするのがおすすめです。

金運

金運は仕事運に比例してアップします。昇給や予想外の副収入がありそう。人のためにお金を使うと、大きく育ってあなたのもとに戻ってきます。ネットワークが広がるので、交際費がかさむのは覚悟しておいたほうがいいでしょう。

愛情運

※寅卯天中殺の人は出会いは先にのばして

忙しくて恋愛は後回しになりそう。出会いを求めるなら、上司にセッティングを頼んでみましょう。条件ではなく、相手の人間性を見極めて交際をスタートするとよい関係が築けます。恋人がいる人は仕事が忙しくなって、会える時間が短くなりますが、日常のコミュニケーションを大切にしてください。

2月のおそうじ風水 ▸ **仕事部屋。余分なものを処分し、机を拭く。**

日	六曜／天中殺 祝日・歳時記	毎日の過ごし方 ★強運日 ♠要注意日 ♥愛情運 ◆金運 ♣人間関係運	吉方位	ラッキーカラー
1 木	先負／午未	具体的な目標を設定し取り組みましょう。時計を身につけて。	北、西、北東、南西	銀色
2 金	仏滅／申酉	嫌なことがあっても顔や態度に出さず、冷静さを保つように。	北、南、西	キャメル
3 土	大安／申酉 節分	♣友人と一緒に豆まきをしましょう。みんなに福が舞い込むかも。	南、北東	ペパーミントグリーン
4 日	赤口／戌亥 立春	新しいことを始めてみて。柑橘系のアロマが運気を後押し。	南東	碧（深緑）
5 月	先勝／戌亥	根菜たっぷりのサラダランチが◯。やる気がアップします。	東、西、北西、南東	山吹色
6 火	友引／子丑	悩みがひとつ増えるかも。新しいタオルをおろしましょう。	東、北西、南西	黒
7 水	先負／子丑	公私ともに努力が認められそう。身だしなみは整えること。	南東	紫
8 木	仏滅／寅卯	不安を感じたら早めに対処しましょう。深呼吸で気分転換を。	北、南、南東	黄色
9 金	大安／寅卯	◆計画的に貯金を始めてみては。先のことを見据えた行動が吉。	南、北東、南西	赤
10 土	先勝／辰巳	外出するときは帽子をかぶると◯。運気の流れが整います。	北、西、北東、南西	白
11 日	友引／辰巳 建国記念の日	昔の失敗を指摘されるかも。家族とゆっくり過ごしましょう。	北、南、西	金色
12 月	先負／午未 振替休日	朝起きたら玄関の掃除をすること。心強い助っ人が現れます。	南、北東	青
13 火	仏滅／午未	新しい出会いが。相手の外見ではなく本質を見るように。	南東	ワインレッド
14 水	大安／申酉 バレンタインデー	チョコの代わりに小豆を使った和スイーツを贈っても◯。	東、西、北西、南東	キャメル
15 木	赤口／申酉	何をやっても裏目に出そう。おしゃれな下着で気分を上げて。	東、北西、南西	紺色

16	金	先勝／戌亥	★引き立て運があります。幸運をつかみとる気持ちで行動を。	南東	赤
17	土	友引／戌亥	状況が著しく変化するかも。肉料理でスタミナをつけて。	北、南、南東	ピンク
18	日	先負／子丑	控えめな態度を心がければ、思わぬ臨時収入が期待できそう。	南、北東、南西	黄色
19	月	仏滅／子丑 雨水	パソコンのデスクトップの整理を。仕事がはかどります。	北、西、北東、南西	銀色
20	火	大安／寅卯	就業後は疲れを残さないようにリフレッシュしましょう。	北、南、西	クリーム色
21	水	赤口／寅卯	意地を張るとプラスにはなりません。冷静な判断を心がけて。	南、北東	黄緑
22	木	先勝／辰巳	♥片思いの人は親しくなれるチャンス到来。誘いのメールを。	南東	茶色
23	金	友引／辰巳 天皇誕生日	お気に入りの陶磁器を探しに出かけてみて。元気になれます。	東、西、北西、南東	山吹色
24	土	先負／午未	♠待つことが賢明な選択です。穏やかな気持ちを大切にして。	東、北西、南西	白
25	日	仏滅／午未	迅速な対応が成功の鍵。おしゃれな文房具をデスクに置いて。	南東	赤
26	月	大安／申酉	仕事は優先順位を決めて淡々とこなして。おやつは最中が○。	北、南、南東	ピンク
27	火	赤口／申酉	口角を上げるリップメイクを。美しい口元が運気アップの鍵。	南、北東、南西	黄色
28	水	先勝／戌亥	上司とのコミュニケーションが良好に。マスクを携帯して。	北、西、北東、南西	水色
29	木	友引／戌亥	落とし物に注意。重要な決断をするのは別の日にしましょう。	北、南、西	金色

2024
March

3月

金運 2024.3.5〜2024.4.3

開運3か条
- **デンタルケアをする**
- **グルメを楽しむ**
- **ジュエリーを身につける**

趣味やレジャーで、充実した時間を

華やかな雰囲気に包まれる金運がめぐってきました。趣味にレジャーに、仲間たちと楽しい時間が過ごせるでしょう。新しい知り合いも増え、まさに人生の春到来！お誘いがあったら積極的に参加しましょう。未知の世界で活躍する人とも出会えるチャンスが。新たに縁がつながった人たちは、今後のあなたにとって、重要な人物となる可能性があります。ただし、無責任な態度をとると信用を失うことに。対人関係ではある程度の緊張感をキープするようにしましょう。

また、話題のカフェやレストランに行くと、新しいアイデアが生まれるかも。友人と一緒に持ち寄りの花見パーティーを楽しむのもおすすめです。笑顔を忘れないことが開運につながります。

3月の吉方位	南、北東、南西
3月の凶方位	北、東、西、北西、南東

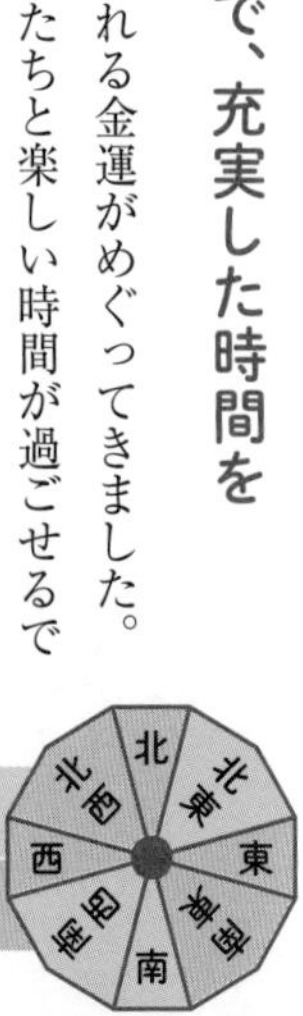

この天中殺の人は要注意

寅《とら》卯《う》天中殺

友人からの頼まれごとは安請け合いすると後々大変なのですぐには引き受けないこと。また、不動産の物件探しや契約を結ぶのは避けたほうが無難。噂話に加わると、信頼を失うことにつながります。

仕事運

オンとオフをきっちり分けることが重要です。オンは仕事に集中して、手を抜かないこと。気持ちが楽なほうに流れるとトラブルになります。皮肉ととられるような軽口も慎むこと。また、プライベートな交流にビジネスのヒントが隠れています。大勢が集まるイベントでの人脈づくりを。お世話になった人への気遣いも忘れないで。

金運

交際費が増えます。また、あなたがさらに魅力的に輝くためのファッションも自己投資と考え、生きたお金の使い方を心がけましょう。少額だからと安易に借りたお金が、トラブルの種になるので注意してください。ただし、貸したお金の返済は求めてもOK。

愛情運

※寅卯天中殺の人は出会いは先にのばして

ひと目惚れされたり、気になる人からデートに誘われたりとモテ期です。ひとりに絞らず、いろいろな人に目を向けましょう。ただし、まじめにお付き合いしないと運気の波にのれないので気をつけて。パートナーとはすれ違いが多くなるので、ふたりで楽しめる趣味をみつけ、ともに過ごす時間を大切にしてください。

3月のおそうじ風水 ▶ **ジュエリー。お手入れをして、見せる収納を。**

日	六曜／天中殺 祝日・歳時記	毎日の過ごし方 ★強運日 ♠要注意日 ♥愛情運 ◆金運 ♣人間関係運	吉方位	ラッキーカラー
1 金	先負／子丑	クレジットカードの使用は控えめに。収支バランスを考えて。	南、北東	青
2 土	仏滅／子丑	習いごとの体験が吉。魅力的なレッスンに出合えるかも。	南東	ワインレッド
3 日	大安／寅卯 桃の節句(ひな祭り)	ちらし寿司や甘酒で桃の節句のお祝いを。運気が回復します。	東、西、北西、南東	キャメル
4 月	赤口／寅卯	♠ケアレスミスが多くなりがち。寝室を片づけ睡眠環境を整えて。	東、北西、南西	白
5 火	先勝／辰巳 啓蟄	★太陽の光の下で行動すると、ハッピーなことが起こりそう。	南東	赤
6 水	友引／辰巳	理不尽なことを言われても聞き流すこと。手作り弁当が吉。	北、南、南東	ピンク
7 木	先負／午未	誘われても今日は出費はセーブして。少額でも借金はNGです。	南、北東、南西	黄色
8 金	仏滅／午未	一致団結すると目標達成に。なごやかなムードを大切にして。	北、西、北東、南西	銀色
9 土	大安／申酉	家族との会話が弾んで楽しい日。映画などを一緒に観ても○。	北、南、西	金色
10 日	友引／申酉	プラス思考でのぞんで。買い物運があるので春物のチェックを。	南、北東	青
11 月	先負／戌亥	普段は選ばないジャンルの本を。思わぬ情報を入手できそう。	南東	碧（深緑）
12 火	仏滅／戌亥	人が嫌がる仕事を引き受けると周囲からの信用が得られます。	東、西、北西、南東	キャメル
13 水	大安／子丑	親しき仲にも礼儀あり。気分転換にあたたかいお茶を飲んで。	東、北西、南西	黒
14 木	赤口／子丑 ホワイトデー	バレンタインのお返しが。幸せのおすそ分けをすると吉。	南東	紫
15 金	先勝／寅卯	悩みがあるなら立ち止まって考えて。山の写真がお守りに。	北、南、南東	黄色

16	土	友引／寅卯	長く使えるいい品物がみつかるかも。迷わず購入しましょう。	南、北東、南西	白
17	日	先負／辰巳 彼岸入り	お墓参りにいきましょう。念入りにお墓の掃除をすると吉。	北、西、北東、南西	青
18	月	仏滅／辰巳	忘れ物に注意。玄関を出る前に再度持ち物を確認しましょう。	北、南、西	クリーム色
19	火	大安／午未	♣友人との会話から、思いもよらないアイデアがもらえるかも。	南、北東	黄緑
20	水	赤口／午未 春分の日	♥偶然の出会いから恋に発展。メールの交換がツキを呼びます。	南東	赤
21	木	先勝／申酉	余裕がなさそうな同僚や後輩には進んでサポートしてあげて。	東、西、北西、南東	キャメル
22	金	友引／申酉	自己主張は通らない日。昼食はオーガニックフードを選んで。	東、北西、南西	紺色
23	土	先負／戌亥 彼岸明け	よくも悪くも予想外の展開に。窓を磨いて風を通しましょう。	南東	ベージュ
24	日	仏滅／戌亥	衝動買いするのはNG。1日の予算をしっかり決めて行動を。	北、南、南東	ピンク
25	月	大安／子丑	◆交際費は人生を好転させる必要経費。気前よく使いましょう。	南、北東、南西	赤
26	火	赤口／子丑	チームの和を大切にすること。話題の寿司店で食事すると○。	北、西、北東、南西	水色
27	水	先勝／寅卯	小腹が空いたらヨーグルトを食べて。気持ちも満たされます。	北、南、西	金色
28	木	友引／寅卯	新しいことが始まりそう。付き合う相手は慎重に選ぶこと。	南、北東	ペパーミントグリーン
29	金	先負／辰巳	トラブルがあっても、結果的には相手との絆が深まるかも。	南東	茶色
30	土	仏滅／辰巳	自分磨きに力を入れて。目標を紙に書くと実現に近づけそう。	東、西、北西、南東	キャメル
31	日	大安／午未	サウナや温泉に行き、ストレス解消が○。身も心も整います。	東、北西、南西	黒

改革運　2024.4.4 〜 2024.5.4

開運3か条

- 部屋の模様替えをする
- 不用品の処分をする
- 大きなバッグを持つ

❋ 変化に抗わず、リスクは避けること

運気はリセット運の改革運に入ります。新年度を迎え、予期せぬ出来事や変化に見舞われそうです。よくも悪くも急展開する運気なので、ここは流れに逆らわず、冷静に対処することが大切です。なかなか思うようにならず、他人がうらやましくなるかもしれませんが、焦って強引に進めようとしてもエネルギーを無駄に消耗するだけ。いい結果は期待できません。選択に迷いがあるときは、まだ動かないほうがいい時期だと考え、決断は先延ばしにしたほうがいいでしょう。

体調にも変化がありそう。健康診断はきちんと受け、気になる症状がある場合は早めに受診してください。休日にはハイキングやグランピングで自然に親しみ、リラックスして過ごしましょう。

4月の吉方位	北、南、南東
4月の凶方位	東、西、北東、北西、南西

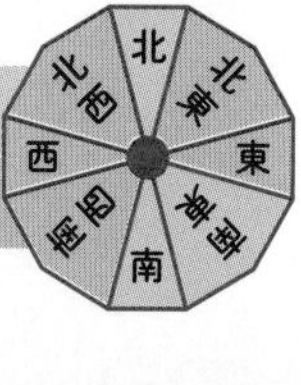

この天中殺の人は要注意

辰《たつ》巳《み》天中殺

落雷に遭ったような衝撃的なことが起きそう。かなり体力を消耗するので、柑橘類でビタミンC補給を心がけてください。詐欺に遭いやすい運気になります。十分に注意してください。

仕事運

配置転換や人事異動で人間関係が変わったり、クライアントの担当者が替わるなど振り回されることが増えます。話が違うと交渉するより、柔軟に対応したほうがあなたの負担は軽くなるでしょう。自分から何か変化を求めても成功する運気ではないので、転職や独立は避けたほうが無難です。

金運

現状維持を心がけるとき。大きな買い物や投資にチャレンジすると後悔することになります。予算を立てて計画的なお金の使い方を意識しましょう。収支を見直して、お金を貯める方法を検討したり、積み立て貯金を始めるのもおすすめです。

愛情運

アプローチしても空振りに終わる運気です。新しい出会いを求めるよりも、自然の流れにまかせて無理はしないこと。出会いのチャンスに備えて、あなたの魅力に磨きをかけましょう。恋人とは結婚話が出ることもあれば、逆に別れ話になるなど、はっきりした答えが出そう。どんな結果になっても冷静に受け止めることが大切です。

4月のおそうじ風水 ▸ **引き出し。中身を全部出して、水拭きして。**

日	六曜／天中殺 祝日・歳時記	毎日の過ごし方 ★強運日 ♠要注意日 ♥愛情運 ◆金運 ♣人間関係運	吉方位	ラッキーカラー
1 月	赤口／午未	さまざまな分野で活動できそう。多少無理してもトライして。	南東	ベージュ
2 火	先勝／申酉	社交辞令や八方美人はNG。誠実な言動を心がけましょう。	北、南、南東	黄色
3 水	友引／申酉	◆普段より少し高級志向で。気持ちや生活に潤いが出て運気上昇。	南、北東、南西	金色
4 木	先負／戌亥 清明	目上の人に対する言葉遣いに注意。挨拶は自分からすること。	北、西、北東、南西	青
5 金	仏滅／戌亥	夕食にチーズ料理を食べると○。ポジティブ思考になれそう。	北、南、西	クリーム色
6 土	大安／子丑	♣飛行機のチケットを買うといい日。物事がうまく整います。	南、北東	銀色
7 日	赤口／子丑	金融情報をチェックして。ネット検索や勉強会もおすすめ。	南東	ワインレッド
8 月	先勝／寅卯	こまめに動くと解決策がみつかります。昼食はおにぎりが○。	東、西、北西、南東	山吹色
9 火	先負／寅卯	♠トラブルに巻き込まれるかも。受け身になって冷静に対応を。	東、北西、南西	白
10 水	仏滅／辰巳	ポジションアップが期待できます。アクセサリーをつけると吉。	南東	オレンジ
11 木	大安／辰巳	日常生活に変化があります。まずは食材を使い切るように。	北、南、南東	ピンク
12 金	赤口／午未	何にお金を使うと満足できそうか、よく考えてみましょう。	南、北東、南西	赤
13 土	先勝／午未	スマホの写真を整理すること。思考がクリアになります。	北、西、北東、南西	銀色
14 日	友引／申酉	生活習慣を見直しましょう。新しい快眠アイテムをチェック。	北、南、西	キャメル
15 月	先負／申酉	自分のペースで物事が進みます。頼まれごとはよく考えて。	南、北東	青

16	火	仏滅／戌亥 土用	言いたいことは臆さず伝えましょう。香りにこだわると開運。	南東	碧（深緑）
17	水	大安／戌亥	豆料理がラッキーフード。ヴィーガンレストランで食事も○。	東、西、北西、南東	山吹色
18	木	赤口／子丑	プレゼンに向かない日。靴下のデザインにこだわりましょう。	東、北西、南西	紺色
19	金	先勝／子丑 穀雨	★運気は絶好調。今日のミッションをサクサクこなせます。	南東	ベージュ
20	土	友引／寅卯	お寺のイベントに参加すると吉。気持ちの整理もできそう。	北、南、南東	キャメル
21	日	先負／寅卯	得意分野で力を貸してあげて。思わぬ収入につながるかも。	南、北東、南西	金色
22	月	仏滅／辰巳	目上の人の指示には逆らわないように。時計を磨いて外出を。	北、西、北東、南西	白
23	火	大安／辰巳	早めに帰宅して。SNSで部屋に合うインテリアを探すと○。	北、南、西	黄色
24	水	赤口／午未	これまでの努力が評価されるかも。笑顔と挨拶を忘れないで。	南、北東	黄緑
25	木	先勝／午未	♥穏やかな気持ちで周囲と接すると好きな人とうまくいくかも。	南東	赤
26	金	友引／申酉	ベッドメイクをしてから出かけて。すばやい判断ができそう。	東、西、北西、南東	山吹色
27	土	先負／申酉	♠悩みごとが増えそう。念入りに掃除をすると気分も晴れます。	東、北西、南西	水色
28	日	仏滅／戌亥	筋トレの目標を高めに設定して。やる気も出て効果抜群！	南東	紫
29	月	大安／戌亥 昭和の日	ハイキングで山の頂上を目指しましょう。冷静になれます。	北、南、南東	ピンク
30	火	赤口／子丑	日常に華やぎをプラス。話題のスイーツを買うのもおすすめ。	南、北東、南西	金色

頂上運 2024.5.5～2024.6.4

（開運3か条）
- アウトドアランチ
- 鏡を磨く
- 海辺の散歩

今までの努力が形になる頂上運到来!

これまでの努力が成果として表れる運気です。努力を重ねてきた人には、高い評価や大きな成功が待っているでしょう。憧れのポジションへの昇進など、スポットライトがあたる晴れ舞台に立つ人も。引き立て運にも恵まれるので、有力者の目に留まる可能性もあります。ただし、努力が実を結んだことに有頂天になり、独断で物事を進めてはいけません。成功は周囲のサポートがあったからこそ。そのことを忘れないようにしてください。一方、頑張るべきときに努力をしなかった人は成功を手にできません。諦めずに地道な努力を続けましょう。

忙しい毎日になり、集中力が欠けがちです。大切なことは記録に残し、書類には安易に署名、押印しないこと。交通ルールもきちんと守るようにしてください。

5月の吉方位	南東
5月の凶方位	北、南、東、西、北東、北西、南西

この天中殺の人は要注意

辰《たつ》巳《み》天中殺

油断が大きなミスにつながります。どんなことも手を抜かず、ダブルチェックを忘れないように。頑固になると、身動きがとれなくなります。相談ごとは実母か、子どもを持つ女性の友人に。

仕事運

目標としてきたものが手に入るでしょう。成功に気をよくするのはいいのですが、自慢気な言動は周囲のひんしゅくをかいます。忙しくてケアレスミスをしがち。特に数字には細心の注意を払ってください。契約書や委任状はきちんと最後まで目を通すように。そして常に身だしなみを整え、名刺を忘れないようにしましょう。

金運

金運も好調です。収入アップが期待できますが、出費も増えるでしょう。残るお金を把握して、投資に回せるようにしてください。また、スキルアップのための自己投資もおすすめ。くじ運に恵まれるので、宝くじを購入してもいいでしょう。

愛情運

出会いと別れが交錯する運気です。思いがけない別れでも、未練を持たないこと。別れは出会いの始まりです。出会いも増えますが、目移りして真剣な交際にまでは発展しづらいでしょう。ひと目惚れもしやすい運気ですが、すぐに冷めそう。隠しごとや秘密は明るみに出ます。不倫や三角関係にはきちんと終止符を打つこと。

5月のおそうじ風水 ▶ **リビング。窓を磨いて太陽の光を入れて。**

日	六曜／天中殺 祝日・歳時記	毎日の過ごし方 ★強運日 ♠要注意日 ♥愛情運 ◆金運 ♣人間関係運	吉方位	ラッキーカラー
1 水	先勝／子丑 八十八夜	仕事では目配りを忘れないこと。チームの絆が深まります。	北、西、北東、南西	白
2 木	友引／寅卯	楽しみながら1日のスケジュールを立てると、運気が回復。	北、南、西	クリーム色
3 金	先負／寅卯 憲法記念日	今まで成功の妨げになっていたものが、一掃されそうな予感。	南、北東	ペパーミントグリーン
4 土	仏滅／辰巳 みどりの日	新茶で一服して。ホッとして前向きな気持ちになります。	南東	ワインレッド
5 日	大安／辰巳 こどもの日 立夏	シーツやファブリックの洗濯を。すっきりしてやる気アップ。	東、西、北西、南東	山吹色
6 月	赤口／午未 振替休日	♠派手な行動には気をつけて。靴を磨いてから外出すると○。	東、北西、南西	紺色
7 火	先勝／午未	★試験にパスしたり、続けていたことが目標達成できる日に。	南東	ベージュ
8 水	仏滅／申酉	何事にもあまり期待を持ちすぎず、淡々と過ごすようにして。	北、南、南東	キャメル
9 木	大安／申酉	◆大切な人へのプレゼントは値段ではなく、心のこもった物を。	南、北東、南西	赤
10 金	赤口／戌亥	段取りを決めてから動いて。上司に奢ってもらえるかも。	北、西、北東、南西	銀色
11 土	先勝／戌亥	たまった雑誌や書類を片づけましょう。よい気の流れに。	北、南、西	黄色
12 日	友引／子丑 母の日	母親に花をプレゼントして。飾る花瓶にもこだわると吉。	南、北東	黄緑
13 月	先負／子丑	ガールズグループの音楽を聴くと○。元気がもらえそう。	南東	茶色
14 火	仏滅／寅卯	楽なことばかり選ばないで。旬のものを食べると運気回復。	東、西、北西、南東	黒
15 水	大安／寅卯	ストレスから衝動買いに走りそう。こまめな水分補給が吉。	東、北西、南西	水色

16	木	赤口／辰巳	リーダーに抜《ばっ》擢《てき》されるかも。同僚や部下との調和を保って。	南東	赤
17	金	先勝／辰巳	部屋の整理整頓をしましょう。借りている本などは返却を。	北、南、南東	白
18	土	友引／午未	尊敬している人のそばで過ごすとお金との縁が強くなりそう。	南、北東、南西	金色
19	日	先負／午未	時計のメンテナンスを。止まっていたことが動き出すかも。	北、西、北東、南西	銀色
20	月	仏滅／申酉 小満	前進するのは控えましょう。プライベートを充実させて。	北、南、西	クリーム色
21	火	大安／申酉	♣ いいニュースが飛び込んできます。同僚とパスタランチを。	南、北東	青
22	水	赤口／戌亥	♥ パートナーと新しいことに挑戦。ふたりの絆が深まります。	南東	碧（深緑）
23	木	先勝／戌亥	気になる講座を受けると◯。何をすべきかヒントがあるかも。	東、西、北西、南東	山吹色
24	金	友引／子丑	誰に対してもフェアな対応をして。信頼度がアップするはず。	東、北西、南西	白
25	土	先負／子丑	天気がよければ布団を干して、太陽のパワーをチャージ。	南東	オレンジ
26	日	仏滅／寅卯	部屋の模様替えで気分転換を。インテリアにこだわってみて。	北、南、南東	ピンク
27	月	大安／寅卯	◆ 10分前に行動をすると吉。思わぬ収入が入るなど金運アップ！	南、北東、南西	黄色
28	火	赤口／辰巳	ひとりだと勇気が出ないことも、誰かと誘い合ってトライして。	北、西、北東、南西	青
29	水	先勝／辰巳	計画は長期戦で勝負。じっくり考えると成功率が上がります。	北、南、西	キャメル
30	木	友引／午未	セミナーや勉強会などでキーパーソンと会えそうな予感。	南、北東	ペパーミントグリーン
31	金	先負／午未	周囲の注目を集めそう。あたたかい心遣いは伝わっています。	南東	ワインレッド

2024 June

6月

停滞運　2024.6.5〜2024.7.5

開運3か条
- おしゃれな下着
- 早めの就寝
- 読書をする

内面の充実をはかり、パワーチャージを

上り調子だった運気も、ここに来てお休みモードに入ります。今まで頑張ってきてエネルギーを使い果たしたので、今後の活躍のために無理をせず、英気を養う時期です。活動は控えめにし、残業も避けて早めに帰宅しましょう。家でのんびりとひとりの時間を充実させることが重要です。朝、起きたら1杯のミネラルウォーターを飲み、体を浄化させましょう。そして、部屋の掃除をしたり、こまめに空気を入れ換えたりして気の流れを整えてください。いつも以上に水回りの掃除を丁寧に。カビ対策も忘れないようにしましょう。

活動的なあなたにとっては苦しい時期ですが、冷静に状況分析するときだと肝に銘じて、穏やかに過ごすように心がけてください。

6月の吉方位	南西、北北西
6月の凶方位	北、南、西、北東、南東

この天中殺の人は要注意

午《うま》未《ひつじ》天中殺

子どもや部下に関するアクシデントが起きそう。助けを求めても、応えてくれる人は少ないかもしれません。思い込みで行動すると、周囲の信頼を失うことになります。静かに過ごすように努めて。

仕事運

スランプ状態で、やる気が出ません。目の前の課題をクリアすることに集中しましょう。ルーティンワークでも手を抜かないこと。積極的に発言や提案をしても邪魔が入るだけなので、プランニングに必要な情報を集めるようにしましょう。情報は裏づけのあるものだけを集めることが重要です。

金運

増やすより減らさない努力が必要です。ランチを手作り弁当にするなどの工夫で、賢くお金を貯められる体質づくりを心がけてください。セミナーや本で投資の知識を得ることも重要。そのための出費は夢を実現させる賢いお金の使い方のひとつです。

愛情運

出会いは期待できません。気持ちが不安定で孤独感を覚えるため、不誠実な相手からの誘いにのってしまう可能性が。恋愛を求めるよりも、内面の充実に力を入れてください。好きなアロマの入浴剤でゆったり入浴したり、エステでスキンケアやボディケアを受けたりして、あなたの魅力に磨きをかけましょう。

6月のおそうじ風水 ▶ **トイレ。掃除をし、スリッパなどは洗濯を。**

★強運日 ♠要注意日 ♥愛情運 ◆金運 ♣人間関係運

日	六曜／天中殺 祝日・歳時記	毎日の過ごし方	吉方位	ラッキーカラー
1 土	仏滅／申酉	夏服への衣替えをしましょう。朝から始めるとはかどりそう。	東、西、北西、南東	黒
2 日	大安／申酉	現実逃避したくなるかも。お気に入りの入浴剤でバスタイム。	東、北西、南西	紺色
3 月	赤口／戌亥	頭が冴《さ》え、仕事も勉強もスムーズに。手鏡を持ち歩くと○。	南東	ベージュ
4 火	先勝／戌亥	資産計画の見直しを。FPなどプロに助言を求めるのもあり。	北、南、南東	キャメル
5 水	友引／子丑 芒種	気になっていた商品を買うならフリマアプリもチェックして。	南、北東、南西	金色
6 木	大安／子丑	朝ご飯をしっかり食べて外出を。あなたの企画案が通るかも。	北、西、北東、南西	水色
7 金	赤口／寅卯	定時退社をし、プライベートタイムを充実させましょう。	北、南、西	黄色
8 土	先勝／寅卯	♣朝起きたら窓を開け、風を通して。いい出会いがありそう。	南、北東	銀色
9 日	友引／辰巳	お気に入りの言葉をノートに書いて。チャンスを生かせます。	南東	茶色
10 月	先負／辰巳 入梅	クローゼットの整理整頓を。梅雨対策もするといいでしょう。	東、西、北西、南東	山吹色
11 火	仏滅／午未	♠つらい状況に陥るかも。噴水の近くに行って気分転換して。	東、北西、南西	黒
12 水	大安／午未	★嬉しいオファーがありそう。幸せは周囲にもおすそ分けを。	南東	赤
13 木	赤口／申酉	朝一番にスケジュールを確認。効率よく仕事を進められます。	北、南、南東	ピンク
14 金	先勝／申酉	◆買い物はピンときたものを選んで。ハイブランドもOK！	南、北東、南西	黄色
15 土	友引／戌亥	新しい動きがあります。名所旧跡を訪れるとポジティブに。	北、西、北東、南西	白

16	日	先負／戌亥 父の日	父の日は料理に挑戦。常備菜を作ってあげると喜ばれます。	北、南、西	クリーム色
17	月	仏滅／子丑	頼られたらサポートを。信頼に応えると人気も上昇します。	南、北東	ペパーミントグリーン
18	火	大安／子丑	♥ 好きという気持ちをストレートに伝えて。花を飾ると幸運が。	南東	ワインレッド
19	水	赤口／寅卯	素朴な陶器を食卓で使いましょう。上司に認めてもらえます。	東、西、北西、南東	山吹色
20	木	先勝／寅卯	失敗したことをいつまでも引きずりそう。早めに就寝して。	東、北西、南西	紺色
21	金	友引／辰巳 夏至	今までやりたかったことに挑戦。昼食はおにぎりがおすすめ。	南東	オレンジ
22	土	先負／辰巳	大きな決断に迷うかも。進みながら答えを探していくのも○。	北、南、南東	金色
23	日	仏滅／午未	買う前に本当に必要な物か考えて。カフェでひと休みを。	南、北東、南西	白
24	月	大安／午未	やりがいを感じるとき。スマートウォッチを自分へのご褒美に。	北、西、北東、南西	銀色
25	火	赤口／申酉	お願いがあるなら謙虚な姿勢で。昼食はチーズ料理を食べて。	北、南、西	黄色
26	水	先勝／申酉	♣ 苦手と思っていた人と話すと意外と気が合うかもしれません。	南、北東	青
27	木	友引／戌亥	考えていたことを行動に移して。チャンスが舞い込みそう。	南東	赤
28	金	先負／戌亥	自分の立ち位置を見極めること。ベッドシーツを交換して。	東、西、北西、南東	クリーム色
29	土	仏滅／子丑	ボランティアに参加すると吉。仕事で協力者が現れます。	東、西、北西、南東	黒
30	日	大安／子丑	♥ 幸せな気分で過ごせる日。レモンスカッシュでクールダウン。	南東	茶色

2024
July

基礎運 2024.7.6 ～ 2024.8.6

（開運3か条）

- 計画を練る
- 人のために行動する
- 規則正しい生活

足固めをして今後に備えるとき

運気は本調子ではありませんが、先の見通しが立ってきます。ゆっくりと状況を確かめながら、確実に前に進む意識を持ちましょう。社長星を持つあなたは人の上に立ちやすくなりますが、今月は周囲のサポート役になることが重要です。結果や評価を求めず、手堅く進むようにしましょう。利他の精神を発揮するあなたを評価する人が出てくるかもしれません。また、技術の習得は成果があがる運気です。それが思いがけない抜擢につながる可能性もあります。

今月は丁寧に生活するように心がけると、よい気を呼び込めます。早起きをして家事をすませてから外出したり、泥つき野菜を使ったりして新しいレシピに挑戦してみましょう。

7月の吉方位　南東、北北西

7月の凶方位　北、南、北東、南西

この天中殺の人は要注意

午《うま》未《ひつじ》天中殺

思いもよらない事態に慌てそうです。状況は静かに受け入れるしかありません。契約書や委任状の記入は、他の人のチェックを受けること。不満を口にするとさらに運気が下がるので注意してください。

仕事運

仕事ではまだ低調なムードを引きずり気味。プロジェクトリーダーなどを引き受けるのは、もう少し時間が経ってからのほうが賢明です。電話だけでなくメールでも丁寧な言葉を遣い、洗練されたビジネスマナーを心がけてください。朝の時間を有効に使うと成果があがります。勉強やエクササイズなどの時間にあてましょう。

金運

コストパフォーマンスを意識した出費が大切です。キッチン家電の購入を考えているなら、セールやアウトレットなどを利用して品質にこだわりながら、賢い買い物を。アルバイトを始めたり、無理のない範囲で投資額をアップさせたりするのもおすすめです。

愛情運

※午未天中殺の人は出会いは先にのばして

スポーツクラブ、ボランティアサークルなどで出会いが期待できます。堅実な相手との良縁のためにも、普段から生活リズムを整えておくことがポイントになります。カップルの人は、穏やかでやさしい雰囲気を大切にして。陶磁器を使ったテーブルコーディネートで食卓を囲むと、ふたりの関係が新しいフェーズに入るかも。

7月のおそうじ風水 ▶ **ベランダ。床を掃除し排水溝もチェック。**

日	曜日	六曜／天中殺 祝日・歳時記	毎日の過ごし方 ★強運日 ♠要注意日 ♥愛情運 ◆金運 ♣人間関係運	吉方位	ラッキーカラー
1	月	赤口／寅卯 半夏生	笑顔で挨拶をすると、協力してくれる人が集まってきそう。	南、北東	黄緑
2	火	先勝／寅卯	新しいことはしないで。朝はチーズトーストでパワー補給を。	北、南、西	黄色
3	水	友引／辰巳	忙しさに比例してあなたの能力もアップ。体力の過信は禁物。	北、西、北東、南西	青
4	木	先負／辰巳	楽しい話が絶えない日になりそう。明るい笑顔がポイントに。	南、北東、南西	赤
5	金	仏滅／午未	冷蔵庫にある食材をスマホで撮影して、食材を管理しても◯。	北、南、南東	キャメル
6	土	赤口／午未 小暑	★頑張ったぶん、成果が出ます。海辺のドライブがおすすめ。	南東	オレンジ
7	日	先勝／申酉 七夕	悩みごとが増えるかも。夜空に瞬く星を見ると心が穏やかに。	東、北西、南西	白
8	月	友引／申酉	完璧を求めないほうが無難。省エネモードで過ごしましょう。	東、西、北西、南東	クリーム色
9	火	先負／戌亥	ニュースから金融の情報が。アンテナは常に立てておいて。	南東	碧（深緑）
10	水	仏滅／戌亥	新しい出会いには気をつけて。扇子を持ち歩きましょう。	南、北東	ペパーミントグリーン
11	木	大安／子丑	早めに帰宅し趣味に没頭する時間を持って。ギャンブルはNG。	北、南、西	金色
12	金	赤口／子丑	集中力がアップします。難易度の高いことも簡単に片づきそう。	北、西、北東、南西	水色
13	土	先勝／寅卯	◆臨時収入があるかも。話題のスイーツで運気の底上げをして。	南、北東、南西	白
14	日	友引／寅卯	おうち時間を充実させるとラッキー。上手な選択ができます。	北、南、南東	ピンク
15	月	先負／辰巳 海の日	挑戦したいことがあるなら、事前にネット検索などで調べて。	南東	ベージュ

16	火	仏滅／辰巳	♠他人のやり方が気になっても、無視して自分の仕事に集中を。	東、北西、南西	紺色
17	水	大安／午未	先の見通しがつきます。テラコッタのアイテムを飾ると○。	東、西、北西、南東	山吹色
18	木	赤口／午未	♥好きな人に、あなたから連絡をしてみて。ゆっくり話すこと。	南東	赤
19	金	先勝／申酉 土用	♣人脈づくりに力を注ぎましょう。昔からの友人に連絡して。	南、北東	青
20	土	友引／申酉	掃除を念入りに。疲れたら金箔ののった和菓子がおすすめ。	北、南、西	黄色
21	日	先負／戌亥	名所旧跡を訪れると吉。予算を超えないような過ごし方を。	北、西、北東、南西	銀色
22	月	仏滅／戌亥 大暑	仕事にメリハリをつけると、よいアイデアが思いつくかも。	南、北東、南西	金色
23	火	大安／子丑	自分の意志より、まわりの意見を取り入れると運気が回復。	北、南、南東	キャメル
24	水	赤口／子丑	★やりたいことを言葉にすると夢に近づけそう。ひまわりが吉。	南東	赤
25	木	先勝／寅卯	普段はやらないミスを連発。こまめに時間をチェックして。	東、北西、南西	黒
26	金	友引／寅卯	地道に取り組んで。根菜を使ったヘルシーな料理がおすすめ。	東、西、北西、南東	クリーム色
27	土	先負／辰巳	やる気にあふれる日。後回しにしたことを整理すると開運。	南東	ワインレッド
28	日	仏滅／辰巳	親しい友人との会食もマナーを守って。助っ人が現れます。	南、北東	銀色
29	月	大安／午未	八方塞《ふさ》がりです。家族に相談するとヒントがもらえそう。	北、南、西	黄色
30	火	赤口／午未	衝動買いが多いなら、財形貯蓄や定期預金にするといいかも。	北、西、北東、南西	白
31	水	先勝／申酉	◆口角を上げるリップメイクが○。歯を見せて笑うと運気上昇。	南、北東、南西	赤

2024
August

開始運 2024.8.7 ～ 2024.9.6

開運3か条
- 初物を食べる
- 音楽を楽しむ
- ニュースをチェックする

過去にとらわれず、チャレンジして

周囲の注目を集める運気です。新しく動き出すこともあり、華やかな雰囲気に包まれるでしょう。気ぜわしくなり追い立てられるような気分になりますが、派手な行動はあなたにとってプラスにはなりません。計画をきちんと立て、準備できたことから実行に移してください。そして最後までやり抜く覚悟が必要です。活動範囲が広くなり、さまざまなチャンスにも恵まれそう。チャンスを逃さないためにも、フットワークを軽くしておくこと。これまでにない経験にも、物怖じせずチャレンジしてみると、新しい可能性を発見することができます。心躍るような満足感を味わえるでしょう。

物事がうまく流れ出すので、自己主張が強くなりがち。周囲の声にも耳を傾けることが必要です。

8月の吉方位	南東
8月の凶方位	北、南、東、西、北東、北西、南西

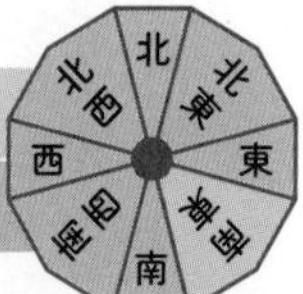

この天中殺の人は要注意

申《さる》酉《とり》天中殺

マイペースを心がけ、周囲に引きずられないようにしましょう。新しいことに手を出さず、リスクをとらないこと。家や土地にかかわる話には慎重に対応することが重要です。熱中症に注意してください。

仕事運 **※申酉天中殺の人は新しい仕事の取り組みは先にのばして**

実力を大いに発揮できるときです。多少難易度が高いプロジェクトでも、上司やチームメイトが応援してくれるでしょう。チャンスを生かすには情報収集能力が必要。ニュースはこまめにチェックしましょう。ただし口コミをそのまま信じないこと。きちんと情報の裏づけをとることが大切です。

金運

お金の循環がよくなります。人付き合いも増えるので、交際費が増えますが、人脈づくりへの投資と考えて。夏休みを楽しむためのレジャー費も必要なぶんだけ準備すること。目に見えないものにお金をかける重要さを実感してください。ただし、詐欺には注意を。

愛情運 **※申酉天中殺の人は出会いは先にのばして**

出会いのチャンスが目白押しで、恋愛運も絶好調。気になる人にはあなたからアプローチしましょう。でも、出会いに恵まれるぶん、本質を見失いがち。きちんと言葉で理解し合うように心がけてください。パートナーに以心伝心を求めてはいけません。やさしい言葉にあなたの気持ちをのせると、ふたりの関係がさらに深まります。

8月のおそうじ風水 ▶ **スマートフォン。画面をピカピカに磨いて。**

日	曜	六曜／天中殺 祝日・歳時記	毎日の過ごし方	吉方位	ラッキーカラー
1	木	友引／申酉	無理は禁物。ヘアスタイルでイメージチェンジすると○。	北、南、南東	金色
2	金	先負／戌亥	忙しくても集中すること。インテリアアイテムを買って。	南東	紫
3	土	仏滅／戌亥	♠外出は控えゆっくり体を休めて。家族と過ごす時間を大切に。	東、北西、南西	水色
4	日	先勝／子丑	勉強していることがあるなら大型書店へ。地道な努力が大事。	東、西、北西、南東	黒
5	月	友引／子丑	スマホをチェックすると、欲しかった情報が入ってきます。	南東	赤
6	火	先負／寅卯	仕事仲間と距離が縮まる予感。さりげない手助けを意識して。	南、北東	ペパーミントグリーン
7	水	仏滅／寅卯 立秋	何かへの不満から買い物で散財しそう。エシカル商品はOK。	北、南、西	金色
8	木	大安／辰巳	効率よく仕事がこなせます。悩みは上司に相談すると解決。	北、西、北東、南西	青
9	金	赤口／辰巳	◆会食は雰囲気重視のレストランがおすすめ。楽しむと開運。	南、北東、南西	白
10	土	先勝／午未	変化に抗わないこと。山に登って心身ともにリフレッシュして。	北、南、南東	黄色
11	日	友引／午未 山の日	パワフルに動ける日。独立を考えているなら実行の段取りを。	南東	オレンジ
12	月	先負／申酉 振替休日	水回りの掃除を念入りに。隅まできれいにすると運気回復。	東、北西、南西	紺色
13	火	仏滅／申酉 お盆(↓8/16)	目標を小さく設定し、達成感を味わって。枝豆がラッキー。	東、西、北西、南東	山吹色
14	水	大安／戌亥	♥ドラマのような展開が起こるかも。アピールしてOKです。	南東	茶色
15	木	赤口／戌亥	♣旅先で出会った人と仲よくなれる予感。チャンスを生かして。	南、北東	銀色

★強運日 ♠要注意日 ♥愛情運 ◆金運 ♣人間関係運

16	金	先勝／子丑	欲しいものがあってもすぐに買わないで。手作り弁当が吉。	北、南、西	黄色
17	土	友引／子丑	やることが一気に増えそう。朝ご飯はしっかり食べて。	北、西、北東、南西	白
18	日	先負／寅卯	金銭の貸し借りは避けましょう。キラキラ光るアイテムが吉。	南、北東、南西	赤
19	月	仏滅／寅卯	苦手だった人が味方になりそう。高台のカフェで休んで。	北、南、南東	キャメル
20	火	大安／辰巳	★すべてが順調に進みます。今日は積極的になりましょう。	南東	ベージュ
21	水	赤口／辰巳	マイナス思考になりがち。ネイルにこだわって気分転換を。	東、北西、南西	水色
22	木	先勝／午未 処暑	自分磨きにお金をかけることは今後のあなたを向上させます。	東、西、北西、南東	山吹色
23	金	友引／午未	出会いを求めるのなら、交友範囲が広い友だちに連絡してみて。	南東	碧（深緑）
24	土	先負／申酉	今日は人とのコミュニケーションが大切。笑顔で挨拶して。	南、北東	ペパーミントグリーン
25	日	仏滅／申酉	普段手が回らない部分を掃除して。気分もさっぱりします。	北、南、西	キャメル
26	月	大安／戌亥	集中力がアップしテキパキとこなせそう。自分へのご褒美を。	北、西、北東、南西	銀色
27	火	赤口／戌亥	◆アクセサリーの購入が吉。長く使えるよい品物を手に入れて。	南、北東、南西	黄色
28	水	先勝／子丑	タイトな1日になります。迷っているなら断る勇気を持って。	北、南、南東	ピンク
29	木	友引／子丑	止まっていたことが動いたり、嬉しい話が入ってくるかも。	南東	紫
30	金	先負／寅卯	孤独を感じそう。同じ目的を持った仲間をみつけてみて。	東、北西、南西	黒
31	土	仏滅／寅卯 二百十日	気になる習いごとやセミナーをチェック。抜擢があるかも。	東、西、北西、南東	クリーム色

開花運 2024.9.7〜2024.10.7

開運3か条

- ヘアスタイルを変える
- 玄関の掃除をする
- お香を焚く

未知の世界に続く、可能性に満ちた運気

前月に引き続き、気力も体力も充実しています。公私ともに新しいフェーズに入り、パワーがみなぎるのが自分でもわかるでしょう。出会いに恵まれ、社会的に地位のある人や外国人との縁ができるかもしれません。積極的に行動し、前向きに頑張るあなたの姿勢が、さらなる幸運を呼び寄せます。これまで培ってきたスキルや人脈が大きな武器となりますが、要注意人物とのかかわりも増える点に注意を。初対面の人からの依頼は、じっくり考えてから判断してください。

人気運は高いのですが、そのせいで人疲れします。ときにはひとりで博物館や美術館に行き、美に癒される時間を持つといいでしょう。旅館や日本料理店など、和室でのんびり過ごすのもおすすめです。

9月の吉方位	南、北東
9月の凶方位	北、東、西、北西、南東、南西

この天中殺の
人は要注意

申《さる》酉《とり》天中殺

仕事がおろそかになります。また、収支の管理がルーズになり、資金がショートするかも。なんとか危機をクリアしたと思っても、次の天中殺の谷が待っていそう。誘われても断り、ひとりでいるように。

仕事運

コミュニケーション能力がステップアップの鍵となります。相手の話をよく聞いてから、あなたのプランをわかりやすい言葉で伝えましょう。交渉ごとはよい結果が期待できます。強気な発言や言葉は不信感につながるので注意してください。出張も増えそうです。すぐに出発できるように、資料や荷物はコンパクトにまとめて。

金運

食事会の誘いが多くなり、交際費だけでなくファッション関連の出費も増えそうです。洋服は一時しのぎではなく、長く使えるものをセレクトしましょう。キャッシュレス決済を使うなら予算を決め、オーバーしないようにコントロールしてください。

愛情運

※申酉天中殺の人は出会いは先にのばして

交友関係が広がるので、出会いのチャンスも多くなります。パーティーやセミナーだけでなく、旧友からも心弾む知らせがあるかも。また、旅先でも運命的な出会いが待っていそうです。パートナーとは行き違いに注意を。お互いのスケジュールはメールやアプリで共有できるようにして、一緒に過ごす時間を大切にしてください。

9月のおそうじ風水 ▶ **玄関。三和土《たたき》を念入りに拭きお香を焚いて。**

日付	六曜／天中殺 祝日・歳時記	毎日の過ごし方 ★強運日 ♠要注意日 ♥愛情運 ◆金運 ♣人間関係運	吉方位	ラッキーカラー
1 日	大安／辰巳	♥初めて会う人と意気投合しそう。恋に発展するかもしれません。	南東	ワインレッド
2 月	赤口／辰巳	物事がスムーズに進む日です。忙しくても笑顔でいると吉。	南、北東	銀色
3 火	友引／午未	自分のためにゆっくり時間をとると、運気が回復します。	北、南、西	金色
4 水	先負／午未	ポジティブなチームワークが、仕事で高評価をもたらします。	北、西、北東、南西	水色
5 木	仏滅／申酉	気持ちが安定するなら、罪悪感を持たず趣味にお金を使って。	南、北東、南西	赤
6 金	大安／申酉	周囲の変化には慌てず寛容な対応を。ランチはステーキが◯。	北、南、南東	キャメル
7 土	赤口／戌亥 白露	★自発的に動くのが開運の鍵。大事なことは日中にすませて。	南東	オレンジ
8 日	先勝／戌亥	心身休息のとき。お気に入りの入浴剤で長めのバスタイムを。	東、北西、南西	黒
9 月	友引／子丑 重陽の節句	空き時間の有効活用を。興味があることの勉強を始めると吉。	東、西、北西、南東	山吹色
10 火	先負／子丑	最新情報をチェックして。欲しいものがあれば早めに予約を。	南東	茶色
11 水	仏滅／寅卯	同僚とランチしながら企画を練って。アイデアが浮かびそう。	南、北東	黄緑
12 木	大安／寅卯	失敗を繰り返すなら一度立ち止まり、原因を突き止めてみて。	北、南、西	クリーム色
13 金	赤口／辰巳	新しいことに挑戦して。犬モチーフの小物がお守り代わりに。	北、西、北東、南西	青
14 土	先勝／辰巳	◆明るい笑顔で振舞うと、交友関係が広がり心も満足します。	南、北東、南西	白
15 日	友引／午未	お得な情報をうのみにしないように。冷静な判断が大切です。	北、南、南東	金色

16	月	先負／午未 敬老の日	財布の中の整理を。紙幣も丁寧に揃えて入れると運気が上昇。	南東	赤
17	火	仏滅／申酉 十五夜	♠ プレッシャーに負けそう。オーガニックのアイテムが癒しに。	東、北西、南西	水色
18	水	大安／申酉	リモートワークに疲れたら、近所の公園を散歩して気分転換。	東、西、北西、南東	黒
19	木	赤口／戌亥 彼岸入り	年齢や性別を問わず、さまざまな人と交流するとハッピーに。	南東	赤
20	金	先勝／戌亥	♣ ピカピカの靴で出かけましょう。心強い助っ人が現れるかも。	南、北東	ペパーミントグリーン
21	土	友引／子丑	家族と一緒にお墓参りにいくと吉。丁寧にお墓の掃除をして。	北、南、西	キャメル
22	日	先負／子丑 秋分の日	エコバッグの代わりに風呂敷を使うと心にゆとりができそう。	北、西、北東、南西	銀色
23	月	仏滅／寅卯 振替休日	あらかじめ買い物の予算を設定すると、金運がアップします。	南、北東、南西	赤
24	火	大安／寅卯	感情で判断しないこと。美容院でヘアスタイルを変えると○。	北、南、南東	ピンク
25	水	赤口／辰巳 彼岸明け	★ 積極的に動くとチャンスをつかめる日。おしゃれして外出を。	南東	紫
26	木	先勝／辰巳	不満を口にしないこと。新しいネイルで気分を上げましょう。	東、北西、南西	水色
27	金	友引／午未	パワーは低めですが、焦らないで。ルーティンを守ると吉。	東、西、北西、南東	山吹色
28	土	先負／午未	好きな人に連絡しすぎるのはNG。ときには引くことも大事。	南東	赤
29	日	仏滅／申酉	友人とこまめに連絡をとってみて。お得な情報をもらえそう。	南、北東	銀色
30	月	大安／申酉	勢いで物事を決めると後悔します。先輩の意見に耳を傾けて。	北、南、西	黄色

2024 October

10月

静運 2024.10.8〜2024.11.6

開運3か条

- テーブルの中央に花を飾る
- 冷蔵庫の整理をする
- へそくりを始める

戦わず、多くを求めず、静かに過ごす

うまくいかないことが増え、八方塞がり状態になります。なんとかしようと悪戦苦闘すると、さらに窮《きゅう》地《ち》に立たされます。いろいろな場面で責任が増してきますが、自分の考えを押し通すのではなく、周囲の意見を優先させましょう。また、できるだけ仕事よりプライベートを優先させ、不要な行動は慎むこと。何があっても投げやりにならず冷静さを大切にして、あなたの利益を守るより、丸く収めるように心がけましょう。

来月からの運気の波にのるために、今までの生活習慣を見直し、目標達成へのプランをもう一度確認してみましょう。不足があれば、埋めておくこと。スケジュールを上手に調整して、落ち着いて考える時間を持ち、心のパワー充電をしてください。

10月の吉方位	北、南
10月の凶方位	東、北東、北西、南東、南西

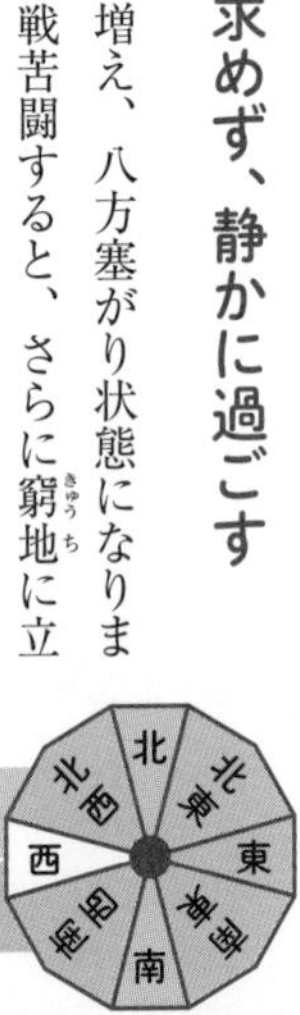

この天中殺の人は要注意

戌《いぬ》亥《い》天中殺

いろいろなリクエストに振り回され、孤軍奮《ふん》闘《とう》を強いられます。周囲のサポートは期待できないので、自力でなんとかするしかありません。パソコンをバージョンアップして、対応するようにしましょう。

仕事運

納得いかないことが多くても、抵抗するよりいったん受け入れて対処してください。スケジュールが突然変更になり、慌てることもありそう。本来の締め切りより早めに仕上げ、不測の事態に備えましょう。できるだけ残業を避けて定時に帰宅できるよう、段取りを整えておきましょう。

金運

金運も低調です。収支のバランスを崩さないことを目標にしてください。高額な買い物やギャンブルは避けること。セール情報を細かくチェックしたり、ポイントを上手に使ったりしましょう。子どもにかかる費用は将来への投資だと考え、セーブしないように。

愛情運

恋のチャンスはもう少し後にやってきそう。そのときのために悪縁は清算しておきましょう。そうしないとスキャンダルに火がつきそう。安定した信頼関係を築いてきたパートナーとは、次のフェーズに進むかもしれません。家族に紹介して、一緒に食卓を囲むとスムーズに結婚へとつながっていくでしょう。

10月のおそうじ風水 ▶ **観葉植物。葉っぱを拭き植木鉢もきれいに。**

日	六曜／天中殺 祝日・歳時記	毎日の過ごし方 ★強運日 ♠要注意日 ♥愛情運 ◆金運 ♣人間関係運	吉方位	ラッキーカラー
1 火	赤口／戌亥	ムードメーカーに徹するとチームがまとまり、よい雰囲気に。	北、西、北東、南西	水色
2 水	先勝／戌亥	誘われたら快諾して。上質なアクセサリーをつけましょう。	南、北東、南西	金色
3 木	先負／子丑	空気を読んで冷静に。信号を渡るときは交差点内でも注意して。	北、南、南東	キャメル
4 金	仏滅／子丑	くじ運があります。宝くじやインターネットの懸賞なども◯。	南東	ベージュ
5 土	大安／寅卯	疲れやすいのでスローモードで。寝室を整えて良質な睡眠を。	東、北西、南西	白
6 日	赤口／寅卯	家で過ごすより、緑いっぱいの自然の中を歩くと運気が上昇。	東、西、北西、南東	クリーム色
7 月	先勝／辰巳	♥ 楽しいと感じることを共有して。ふたりの距離が縮まるかも。	南東	ワインレッド
8 火	友引／辰巳 寒露	玄関まわりを徹底的に掃除して。人間関係が広がります。	南、北東	青
9 水	先負／午未	仕事をスムーズにこなすには、綿密なスケジュールを立てて。	北、南、西	黄色
10 木	仏滅／午未	自信過剰を抑えれば運気は好転。シルバーのアクセサリーが吉。	北、西、北東、南西	白
11 金	大安／申酉	◆ 欲しかったものがお得に手に入りそう。アプリで店を探して。	南、北東、南西	金色
12 土	赤口／申酉	情報に惑わされないように。他人を頼らず自分で調べましょう。	北、南、南東	キャメル
13 日	先勝／戌亥	★ 楽しむ気持ちでいると、いい流れにのることができます。	南東	オレンジ
14 月	友引／戌亥 スポーツの日	♠ 無理をして体調を崩しがち。夜遅くまでの作業は控えましょう。	東、北西、南西	紺色
15 火	先負／子丑 十三夜	スピードより完成度を高める行動を。1階のお店がラッキー。	東、西、北西、南東	山吹色

16	水	仏滅／子丑	準備や覚悟が不足なら、新たなチャレンジはもう少し待って。	南東	碧（深緑）
17	木	大安／寅卯	♣ 一緒にいて居心地がいいと思える相手を大切にすると開運に。	南、北東	ペパーミントグリーン
18	金	赤口／寅卯	不要なものをフリマアプリに出品して。運気が安定します。	北、南、西	黄色
19	土	先勝／辰巳	夕食はお寿司がおすすめ。疲れていたらデリバリーでもＯＫ。	北、西、北東、南西	白
20	日	友引／辰巳 土用	紅葉狩りにいって。ＳＮＳで紅葉の写真を探すだけでも○。	南、北東、南西	赤
21	月	先負／午未	貯蓄は堅実な定期積立などが○。投資セミナーに参加しても。	北、南、南東	ピンク
22	火	仏滅／午未	いつもより少し活発に動いて。おしゃれな文房具がラッキー。	南東	紫
23	水	大安／申酉 霜降	今日は聞き役に徹してみると、相手からの信頼度が増しそう。	東、北西、南西	水色
24	木	赤口／申酉	ふるさと納税で泥つき野菜を選ぶと○。運気が整います。	東、西、北西、南東	キャメル
25	金	先勝／戌亥	♥ 趣味を始めると出会いがあるかも。丁寧な言葉を意識して。	南東	碧（深緑）
26	土	友引／戌亥	悩みは仲間に相談。簡単に解決するヒントがもらえるかも。	南、北東	黄緑
27	日	先負／子丑	模様替えなら部屋の真ん中にテーブルを。運気が安定します。	北、南、西	金色
28	月	仏滅／子丑	自分のための頑張りを、人のために方向転換してみると開運。	北、西、北東、南西	水色
29	火	大安／寅卯	◆ 友人を誘って話題のレストランへ。楽しい時間を過ごせます。	南、北東、南西	赤
30	水	赤口／寅卯	出費が多くなりがち。手持ちが不足しないようセーブして。	北、南、南東	黄色
31	木	先勝／辰巳 ハロウィン	★ 刺激を受けられることを積極的にやってみると幸せな気分に。	南東	紫

2024
November

11月

結実運　2024.11.7～2024.12.6

開運3か条
- デスクの掃除
- 名所旧跡へ行く
- 人にご馳走をする

仕事パワー全開で、目標を高く持って

運気の踊り場を抜け出し、再び上昇気流がやってきました。心身ともに充実して、活気に満ちあふれた毎日になります。特に仕事運が好調で、あなたの活躍が評価されるでしょう。ただ、自信が出てくるので、どうしても強気な判断をしがち。あなたのパワーについてこられない人もいることを忘れないようにしてください。起業家や経営者、投資家とも縁を結べる運気です。いつもよりワンランク上の物を身につけたり、高級レストランなどを選んだりしてみましょう。社会的に評価の高い勉強会やセミナーに参加するのもおすすめです。

公私ともに忙しく疲れがたまりがちです。エステやマッサージに行ったり、ビルの高層階にあるラウンジやバーで過ごして、パワーをチャージしてください。

11月の吉方位　北、北東、南西

11月の凶方位　南、東、北西、南東

この天中殺の人は要注意

戌《いぬ》亥《い》天中殺

スキャンダルに見舞われそう。過去のトラブルも蒸し返されそうです。天中殺はメンタルトレーニングのひとつと考え、冷静な姿勢でいること。お年寄りを大切にして運気の貯金を心がけて。

仕事運

※戌亥天中殺の人は新しい仕事の取り組みは先にのばして

上司や年上の人からの引き立てがあります。新しいプロジェクトに引き抜いてくれたり、責任あるポジションをまかせてもらえたりしそう。ただし、自分だけの力と過信せず、サポートしてくれた周囲の人たちへ感謝の気持ちを伝えることが大切です。時間を合理的に使う工夫をすると、さらに運気がアップします。

金運

給与アップや副収入など金運は上々です。特別ボーナスなども期待できそう。幸せなことがあったら、周囲におすそ分けを。寄付をしたり人にご馳走したりして、生きたお金の使い方を心がけましょう。アクセサリーやファッションの買い物は値段より品質重視で。

愛情運

※戌亥天中殺の人は新しい出会いは先にのばして

仕事が忙しく恋愛はお休みモードに。忙しすぎて、恋のシグナルをキャッチする余裕もありません。ただし、仕事で輝くあなたに惹かれる人もいそう。パートナーとは、仕事を優先するあまり、お互いの不満がたまらないように注意してください。結婚話は上司や先輩、親戚などのアドバイスが後押ししてくれます。

11月のおそうじ風水 ▸ **パソコン。画面の汚れをとりデータを整理。**

日	曜日	六曜／天中殺 祝日・歳時記	毎日の過ごし方（★強運日 ♠要注意日 ♥愛情運 ◆金運 ♣人間関係運）	吉方位	ラッキーカラー
1	金	仏滅／辰巳	♠仕事ではリスクを見据え、何が起きてもいいように準備を。	東、北西、南西	白
2	土	大安／午未	本調子ではないのでゆっくりと、自然の中で過ごすと吉。	東、西、北西、南東	クリーム色
3	日	赤口／午未 文化の日	♥恋を引き寄せたいなら花を飾って。新しい展開があるかも。	南東	ワインレッド
4	月	先勝／申酉 振替休日	♣こまやかな気配りができる日。あなたの人気も上がるでしょう。	南、北東	ペパーミントグリーン
5	火	友引／申酉	ネットショッピングはNG。高額なものを買ってしまうかも。	北、南、西	黄色
6	水	先負／戌亥	気持ちが充実し、やる気にあふれます。上質なスカーフが○。	北、西、北東、南西	銀色
7	木	仏滅／戌亥 立冬	疲れたらカフェでひと休みして。いい気分転換になりそう。	南、北東、南西	白
8	金	大安／子丑	流れに合わせて必要な変化を取り入れて。運気が安定します。	北、南、南東	ピンク
9	土	赤口／子丑	★積極的な行動が鍵。活発に動き回るほど幸運に近づきそう。	南東	オレンジ
10	日	先勝／寅卯	乾燥対策は万全に。デザイン性の高い加湿器を探しましょう。	東、北西、南西	水色
11	月	友引／寅卯	結果を急がずに、目の前のことを丁寧にこなすことで開運に。	東、西、北西、南東	黒
12	火	先負／辰巳	普段、興味のないジャンルの情報に有益なヒントがあるかも。	南東	茶色
13	水	仏滅／辰巳	明るい笑顔を絶やさずにいれば、心身ともに活気があふれそう。	南、北東	銀色
14	木	大安／午未	仕事部屋の整理整頓を。リモートワークの作業効率がアップ。	北、南、西	金色
15	金	赤口／午未 七五三	お金の運用方法など、プロに話を聞いてみると有力な情報が。	北、西、北東、南西	青

16	土	先勝／申酉	◆金運は安定しています。買い物ではよいものが手に入りそう。	南、北東、南西	赤
17	日	友引／申酉	考え方やライフスタイルなど、今一度立ち止まって見直して。	北、南、南東	黄色
18	月	先負／戌亥	苦手なことを克服し、目指していたゴールにたどり着きそう。	南東	ベージュ
19	火	仏滅／戌亥	♠気持ちの切り替えが大切。ローションパックでリフレッシュ。	東、北西、南西	白
20	水	大安／子丑	仲間を引き立てると○。表舞台に立つよりも裏方に徹して。	東、西、北西、南東	山吹色
21	木	赤口／子丑	♥丁寧な言葉遣いを心がけて。人気と好感度がアップします。	南東	赤
22	金	先勝／寅卯 小雪	♣玄関を掃除してから外出を。物事がスムーズに進みそう。	南、北東	黄緑
23	土	友引／寅卯 勤労感謝の日	謙虚な態度が好印象に。環境に配慮した商品を買いましょう。	北、南、西	クリーム色
24	日	先負／辰巳	上質なものを身につけると開運。ハンカチなど小物でもOK。	北、西、北東、南西	水色
25	月	仏滅／辰巳	お金の出入りが激しくなります。優先順位をつけて管理を。	南、北東、南西	白
26	火	大安／午未	何かを引き継ぐことになるかも。周囲に相談し冷静に決めて。	北、南、南東	黄色
27	水	赤口／午未	★ゴール設定を明確にすると吉。未来の自分を想像してみては。	南東	紫
28	木	先勝／申酉	長めにバスタイムをとるとリラックスでき心も軽くなります。	東、北西、南西	紺色
29	金	友引／申酉	家電を新調するのにいい日。チャンスが舞い込みそうな予感。	東、西、北西、南東	山吹色
30	土	先負／戌亥	相手とすれ違いになるかも。誤解を招くような冗談は避けて。	南東	赤

金運　2024.12.7 〜 2025.1.4

開運3か条
- ホームパーティーをする
- 人にプレゼントをする
- 仕事に身を入れる

華やかな運気に包まれ、注目の的に

人との縁が次から次へとつながり、華やかな雰囲気に包まれます。忘年会やクリスマスパーティーなどに誘われたらどんどん参加しましょう。誘いを積極的に受けることで運気が開け、未知の世界との出会いも期待できます。気持ちにもゆとりが出て、あなたの魅力がさらに光るでしょう。ただし、軽い気持ちで人に接してはいけません。無責任な言動は信頼を損なうことにつながります。また、楽しむことを優先させて、仕事や社会的な活動をないがしろにすると運気の波にのれなくなるので注意してください。

いつもあなたの味方になってくれるまわりへの感謝を形にあらわして。クリスマスプレゼントや、年末の挨拶としてプチギフトを用意するのもいいでしょう。

12月の吉方位	北東、南西
12月の凶方位	北、南、東、西、北西、南東

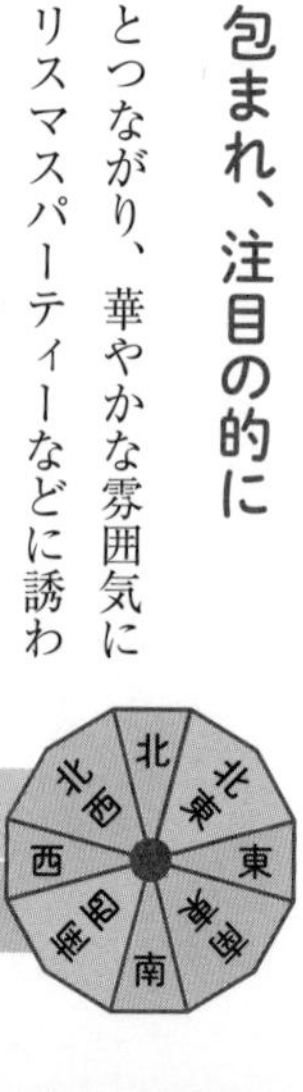

この天中殺の人は要注意

子《ね》丑《うし》天中殺

年末を迎え、生活のリズムが崩れます。忘年会やクリスマスパーティーで知り合った人とは一定の距離を保って。また、メールの誤送信に注意してください。待ち合わせは余裕をもって行動すること。

仕事運 ※子丑天中殺の人は新しい仕事の取り組みは先にのばして

新たに広がる人脈があなたの仕事を飛躍させてくれるでしょう。人脈こそが仕事の成否を左右する運気。緊張感のある対人関係がポイントになります。忘年会やパーティーなどがある日こそ、仕事に全力投球を。楽しんだ翌日に遅刻など、絶対にしてはいけません。10代の会話から新しいビジネスアイデアが生まれるかも。

金運

交際費が増えますが、それは必要経費だと考えてください。ファッションやプレゼントにかかる費用も見栄は張らず、本当に必要なものかどうかという選択基準を持ちましょう。キャッシュレス決済は残高確認や支払先チェックをこまめにすること。

愛情運 ※子丑天中殺の人は出会いは先にのばして

恋のチャンスに恵まれそう。出会いが待っていそうな場所には、積極的に出かけて。その中から、誠実な交際ができそうな相手を見極めてください。パートナーとは、楽しい時間を共有しましょう。あなたばかり遊んでいると、疑われるかも。こまめに連絡をとり合い、クリスマスはロマンチックな時間を過ごして。

12月のおそうじ風水 ▸ **カトラリー。やわらかい布できれいに磨いて。**

日	六曜／天中殺 祝日・歳時記	毎日の過ごし方 ★強運日 ♠要注意日 ♥愛情運 ◆金運 ♣人間関係運	吉方位	ラッキーカラー
1 日	大安／戌亥	♣交友関係が広がります。お世話になった人にギフトの手配を。	南、北東	青
2 月	赤口／子丑	計画は一進一退。今はステップアップのチャンスだと思って。	北、南、西	黄色
3 火	先勝／子丑	上司との人間関係が良好です。遠慮せず頼ってみましょう。	北、西、北東、南西	銀色
4 水	友引／寅卯	ダイヤのアクセサリーを。華やかな雰囲気になり運気上昇。	南、北東、南西	金色
5 木	先負／寅卯	自分が正しいとわかっていても冷静になって。早めに帰宅を。	北、南、南東	ピンク
6 金	仏滅／辰巳	忙しさで感情的になりがち。表札を丁寧に拭くと気分転換に。	南東	ベージュ
7 土	大安／辰巳 大雪	浴室の掃除を念入りに。きれいになったお風呂でリラックス。	東、北西、南西	水色
8 日	赤口／午未	朝活で資格の勉強をするなら、カフェのオープンテラスが◯。	東、西、北西、南東	黒
9 月	先勝／午未	♥相手に伝えたいことがあるなら、ゆっくり話してみて。	南東	碧（深緑）
10 火	友引／申酉	多くの人から感謝の気持ちがもらえそう。ハーブティーが吉。	南、北東	ペパーミントグリーン
11 水	先負／申酉	出かける前に持ち物をもう一度見直しましょう。焦りは禁物。	北、南、西	金色
12 木	仏滅／戌亥	嬉しい発見が。上司や先輩にアドバイスを請いましょう。	北、西、北東、南西	白
13 金	大安／戌亥	◆ご馳走してもらえたり臨時収入がありそう。笑顔がポイント。	南、北東、南西	赤
14 土	赤口／子丑	感情的にならずに行動すること。いったん立ち止まると◯。	北、南、南東	キャメル
15 日	先勝／子丑	★掃除がサクサクはかどります。特に窓ガラスを丁寧に磨いて。	南東	オレンジ

16	月	友引／寅卯		読書などひとりで楽しむ時間をつくると、穏やかな気持ちに。	東、北西、南西	紺色
17	火	先負／寅卯		泥つき野菜を買って、最後まで使い切るように下ごしらえを。	東、西、北西、南東	黒
18	水	仏滅／辰巳		BGMにこだわり、運気の流れにのれるような環境をつくって。	南東	ワインレッド
19	木	大安／辰巳	♣	人脈を広げるチャンス。迅速に行動するほど機会が増えます。	南、北東	黄緑
20	金	赤口／午未		早めに帰宅し家族と一緒に夕食を。チーズフォンデュで開運。	北、南、西	キャメル
21	土	先勝／午未 冬至		疲れがたまっているかも。夜はゆず湯にゆっくり浸かって。	北、西、北東、南西	水色
22	日	友引／申酉		友人との交流で多くの気づきが。誘われたら参加してみて。	南、北東、南西	黄色
23	月	先負／申酉		昼食には手作り弁当を。スケジュールをうまく調整できそう。	北、南、南東	金色
24	火	仏滅／戌亥 クリスマス・イブ		家中の鏡をピカピカに磨きましょう。よい気を呼び込みます。	南東	紫
25	水	大安／戌亥 クリスマス		運気は低迷中。クリスマスは家族とゆっくり過ごしましょう。	東、北西、南西	白
26	木	赤口／子丑	♠	無理をすると裏目に出ます。内面の充実をはかるようにして。	東、北西、南西	水色
27	金	先勝／子丑	★	踏ん張りが利くとき。年末で忙しくても心にゆとりを持って。	南東	紫
28	土	友引／寅卯		食器棚の整理を。お皿の購入ならスタッキング系がおすすめ。	北、南、南東	キャメル
29	日	先負／寅卯		何かとお金の出入りが多くなりそう。お年玉なども用意して。	南、北東、南西	赤
30	月	仏滅／辰巳		大掃除ではパソコンのホコリも拭いて、不要な資料は処分を。	北、西、北東、南西	白
31	火	赤口／辰巳 大晦日		家族と一緒に年越しそばを。天ぷらも食べてパワーチャージ。	北、南、西	クリーム色

COLUMN 3

~2024年のラッキーフード~

柑橘類と酸味でエネルギーチャージを

2024年全体のラッキーフードは柑橘類や酸味です。みかんやオレンジ、レモン、お酢、梅干しを毎日の食生活に取り入れましょう。たとえばレモンならレモンティーや、サラダに添えるだけでもOK。梅干しのおにぎりも手軽でおすすめです。また、桃は邪気を祓うので旬の時期に食べましょう。

フルーツには旬があるので、フレッシュなものが手に入らないときは、写真やポストカード、イラストなどを目に入る場所に飾っておくのもいいでしょう。若々しいエネルギーに包まれる2024年ですから、ラッキーフードで体にパワーを取り入れてください。

第5章

九星別の相性の法則

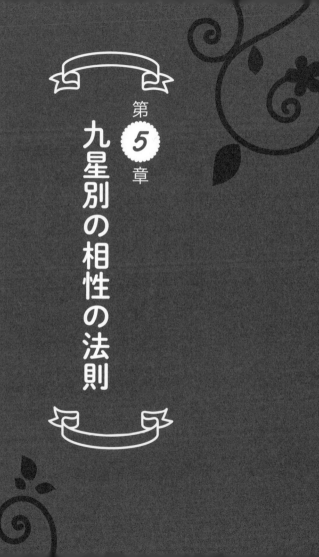

相性の法則

運気通りに過ごせば、相性のよい人たちを引き寄せます

幸せな人生を送るためには、相性はとても大切なものです。相性と運気は深くかかわっています。運気通りに過ごしていれば、周囲には自分と相性のいい人たちが自然と集まってきます。

また、相性が合わない人と出会ったとしても、互いに認め合える面だけで上手に付き合っていくことができるのです。

ユミリー風水では、厳密にいうと4つの要素で相性を見て総合的に判断していますが、本書では人生の基本となる生まれ年の星（カバー裏参照）、つまりライフスター同士の相性を見ていきます。

ライフスターの相性がいいとは、長い時間を一緒に過ごす住まいや職場での営みが

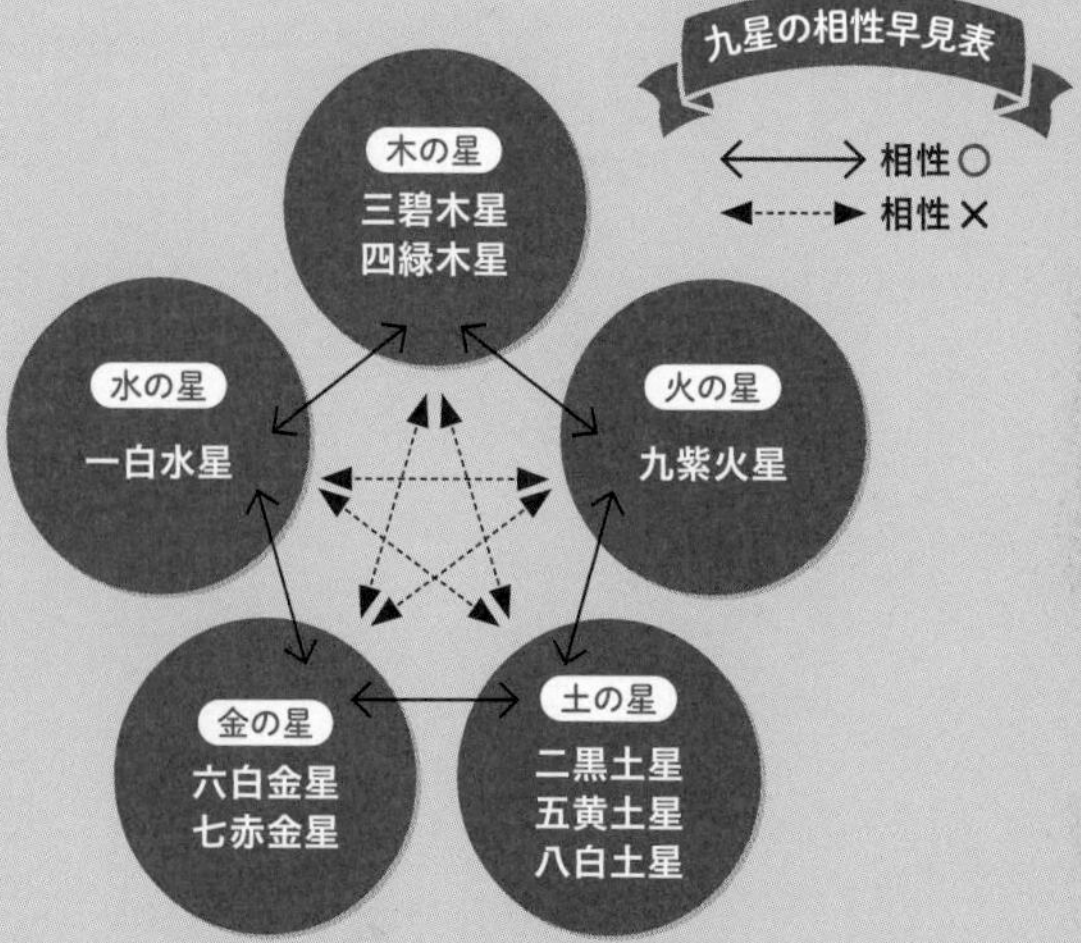

合うということを意味します。相性がいいと自分の気持ちや考え方がすんなりと相手に伝わるので、相手も理解、思いやり、感謝、愛情、親切といったものを返してくれます。逆に、相性が悪い場合は、125ページで相性が合わない場合の対処法を紹介しているので、ぜひ参考にしてください。

上の図は、ライフスター同士の相性をあらわした図です。風水の五行という考え方を取り入れ、9つのライフスターを五行に分け、相性を見ています。隣り合う星同士は相性がよく、向かい合う星同士は相性が悪いということになります。

（金の星）　（水の星）

六白金星 と 一《いっ》白《ぱく》水《すい》星《せい》

一白は水の星。六白の竜巻のような気流と一緒になると嵐になります。強いパワーを生み出す相性です。

相性○

恋愛

すぐに気持ちが通じて、強い信頼で結ばれます。六白が持ち前のリーダーシップを発揮して、一白を引っ張ります。一白は六白の大胆さをカバーしながらわがままを受け入れますが、本当は一白が六白を上手に操《あやつ》っている関係です。

夫婦

夫が六白で、妻が一白のほうがうまくいく相性です。六白は異性の友人が多いので、一白にやきもちをやかせないように。お互いを思いやれば、理想の家庭になります。

友人

長く付き合える相手になるでしょう。六白が一白の面倒をみることになります。一白が困っていたら、六白は必ず手を差し伸べてあげて。友情が深まります。

仕事

お互いの不得意分野をカバーしながら、パワーアップし、より大きな成果をあげることができます。結果を重んじる六白ですが、一白の努力を認めて六白が背中を押していきましょう。

一白水星の2024年

2024年は開始運の年。何かを始めるにはぴったりの時期です。行動的になると気分も前向きに。やりたいことにチャレンジして。

（金の星）　　　（土の星）

六白金星 と 二《じ》黒《こく》土《ど》星《せい》

土を象徴し、補佐役にぴったりの二黒は、リーダー的存在の六白に強く惹かれます。すぐに意気投合する相性です。

相性〇

恋愛

二黒はエネルギッシュな人が大好き。六白も二黒と一緒だと心地よく過ごせます。二黒は強引な六白に我慢強く尽くしますが、それに甘えてばかりだと、愛想《あいそ》を尽かされてしまいます。誤解されるような行動も慎むことが大切です。

夫婦

二黒が夫で、六白が妻のほうがうまくいきます。二黒は六白に正直に話すことができ、六白はそれに的確な答えを出すので、心強いパートナーになります。

友人

お互いにないものを相手に感じ、付き合えば付き合うほど、強い友情が芽生えます。六白に尽くしてくれる二黒に「ありがとう」の言葉を忘れないこと。

仕事

お互いにないものを持ち合わせているふたり。ギブ&テイクで、スムーズに仕事を進めることができます。成果が出たら、きちんと二黒に感謝の気持ちを直接伝えていきましょう。

二黒土星の2024年

これまでの行動や努力の成果が見えはじめる開花運の年。人付き合いも活発になりますが、トラブルにならないように注意して。

（金の星）　（木の星）

六白金星 と 三《さん》碧《べき》木《もく》星《せい》

**草花を象徴する三碧は、激しい気流を起こす六白の竜巻に
吹き飛ばされて、散ってしまいます。**

相性×

恋愛

強情な六白とわがままな三碧。情熱的な出会いをしますが、どちらもプライドが高いので、すぐに衝突します。長く一緒にいると、価値観や感性の違いからストレスを感じることになります。六白が三碧を気遣えるかどうかが鍵です。

夫婦

夫が六白で、妻が三碧ならなんとかうまくいきます。お互いにないものを持っているので、それを認めて補い合うことができれば、強い絆で結ばれた夫婦にもなれます。

友人

生き方が違うのだからと心得て、相手に余計な口を出さないことが大切です。相手の立場を考えないと、会うたびにケンカすることに。認め合うことが大切です。

仕事

お互いに意地を張らず、早く妥協点をみつけることが肝心。議論をしてしまうと平行線のままで、際限のないケンカに発展するので、お互いの考えを理解し合うことが重要。

三碧木星の2024年

運気の波がいったん止まる静運の年。新しいことを始めるよりも、生活習慣を見直したり家族と過ごしたりして余裕をもった生活を心がけて。

（金の星）　　　　（木の星）

六白金星 と 四《し》緑《ろく》木《もく》星《せい》

四緑は樹木を象徴する星。激しい気流の竜巻の六白に、木の四緑がなぎ倒されてしまうという関係です。

相性×

恋愛

エネルギッシュな六白に、四緑はついていくのが大変です。六白は、お人好しで優柔不断な四緑にイライラさせられがちですが、あまり責めないことがうまくやるコツ。六白には四緑の要領のよさを認めてあげられる広い心が必要です。

夫婦

夫が六白、妻が四緑ならなんとかやっていけるでしょう。六白は命令されることが大嫌い。でも、ときには四緑のわがままに付き合ってあげることが大切です。

友人

意見が合わないのは明らかなので、大きなケンカはしませんが、四緑の本心がつかめずストレスに。四緑を責めず、過大な期待はしないで。

仕事

人当たりがよく営業力のある四緑は如才《じょさい》なく六白をサポートしてくれます。でも、ここぞというときには当てになりません。本当に大変なときに逃げられてしまうかも。

四緑木星の2024年

2024年は運気が上向きになる結実運の年です。仕事で望むような活躍ができ、心身ともに充実しそう。社会的地位を固めて。

（金の星）　（土の星）

六白金星 と 五《ご》黄《おう》土《ど》星《せい》

五黄は腐葉土《ふようど》を象徴する土の星。五黄の土が長い年月をかけて六白の鉱物を生み出し続けるという関係です。

相性○

恋愛

性格が似ているので、好感を持ちやすい相性です。付き合い方はベタベタした関係ではなく、相手のことを考えた大人の関係になります。でも、お互いに性格がきついので、わがままを言いはじめると収拾がつかなくなります。

夫婦

夫が五黄、妻が六白のほうがよりうまくいきます。同じ目標を持つと、パワーが倍増します。五黄への思いやりを持ち、大きな愛情で包むように心がけましょう。

友人

意気投合するまでに時間はかかりませんが、ライバル関係になってしまうと、ギクシャクしはじめます。お互いの力量を認め合って干渉《かんしょう》しないことが大切です。

仕事

五黄の的確なアドバイスに六白は助けられるはず。考え方や方法論が違っても、六白は素直に五黄の話に耳を傾けることが大切です。

五黄土星の2024年

実り豊かな金運の年です。満ち足りた気分を味わうことができそう。2024年は人との交流の場にはできるだけ参加して。

（金の星）　　（金の星）

六白金星 と 六白金星

同じ性質なので、一緒になると凄まじいパワーを発揮。
ただし、よいときと悪いときが同じなのでサポートはできません。

相性○

恋愛

お互いを理解しやすく、一緒にいて楽しいふたりです。どんなことにも遠慮なく口を出し合うので、たびたび衝突はしますが、口ゲンカ止まりの関係です。相手のことがよくわかるので、お互いのよき理解者になれるはずです。

夫婦

活発なふたりなので、気が休まらないと感じることもあるでしょう。でも、文句を言い合いながらも楽しく暮らしていけます。衝突したらお互い素直に謝ること。

友人

お互いによき理解者となることができます。ただし、意見が衝突したら自己主張ばかりせずに、ときには相手に華を持たせる気遣いも必要です。

仕事

一緒に行動することで信頼関係が深まります。でも、自分が不調なときは、相手も同じ状態であることを忘れないようにお互いの力を出せる環境を作りましょう。

六白金星の2024年

ひと区切りがつく改革運の年です。周囲に変化があるかもしれませんが、慌てずに落ち着いて。努力を継続することが大切です。

（金の星）　（金の星）

六白金星と七《しち》赤《せき》金《きん》星《せい》

七赤は夜空の星、六白は竜巻と、ともに高い空にあり地上を見下ろしています。対等な立場を維持できる関係です。

相性○

恋愛

燃え上がるような恋心は抱きませんが、お互い一緒にいて心地よい相手です。同じ金の星なので、同じ趣味を持ち、一緒に行動するとよいでしょう。感覚的に似たものを持っていて、性格も似ていますが、ケンカもたびたび起こります。

夫婦

どちらが夫でも妻でもいい相性です。ただし、六白は遊び好きの七赤に手をやくかも。お金は六白がしっかり管理することが円満な夫婦関係を築くためのポイントです。

友人

付き合いやすい相手ゆえに、そのぶん甘えも出やすくなることを忘れないでください。一緒に遊ぶと遊び方が大胆なのでお金を使いすぎてしまう相性です。

仕事

六白は口達者な七赤に押されがちです。六白がリーダーシップを発揮してやる気を見せ、チャレンジしていくという姿勢でいれば、うまくいきます。

七赤金星の2024年

運気が頂点に達する頂上運の年。周囲からの注目度も高くなり、実力が認められる年です。新しいことにチャレンジするのも○。

（金の星）六白金星 と （土の星）八《はっ》白《ぱく》土《ど》星《せい》

八白は山の星で、激しい竜巻の六白に負けず、どっしり構えています。どちらも強いパワーがあります。

相性○

恋愛

大きなエネルギーを持ったふたりなので、どんな困難にも勇《ゆう》敢《かん》に立ち向かい、大きな目標を達成できます。どちらも野心が強く、目的に向かって努力する姿に惹かれ合い、強い絆で結ばれます。

夫婦

夫が八白で、妻が六白のほうがうまくいきます。現実主義者の八白に対し、甘いムード作りは六白の守備範囲。お互いの長所も短所も認め合うことができます。

友人

長く協力していける相性です。六白はメンツを、八白は実利を優先します。共通の目標を持てば、お互いに心強いサポーターになります。

仕事

最初は安定感のある八白が目《め》障《ざわ》りな存在ですが、いつしか頼もしいパートナーになります。六白は欲を出しすぎないようにすることが大切。

八白土星の2024年

季節でいえば真冬にあたる停滞運の年です。新しいことを始めるには向きません。心と体をゆっくり休めるのに適しています。

（金の星）六白金星 と （火の星）九《きゅう》紫《し》火《か》星《せい》

九紫は火の星で、六白の強い風が吹きつけると、炎が消されてしまいます。一緒になることが難しい相性です。

相性×

恋愛

感覚が違い、しっくりいきません。六白が強く出ると、九紫は去っていってしまいます。お互いに世界が違うことを認め、あまり相手の心に深く立ち入らないほうが、結果としてうまくいきます。売り言葉を買うと破局が待っているかもしれません。

夫婦

夫が九紫で、妻が六白ならなんとかうまくいくはず。ケンカをしたらどちらかが折れない限り収拾がつきません。合わない相手だからこそ、お互いの努力が必要です。

友人

深入りをせず、距離感を保ったほどほどのお付き合いにしたほうが無難です。お互いに自己主張を始めると大きなケンカになってしまいます。

仕事

感じ方や考え方が違うので、やりにくい相手です。お互いに自分を抑えることが大切。それができないと、口論になり、険悪な関係になってしまう可能性もあります。

九紫火星の2024年

冬眠から目覚めて、活動を始める基礎運の年。基礎固めの時期にあたるので目標をしっかり定め、コツコツと努力を積み重ねましょう。

相性が合わないとき

**ライフスターの相性は、毎日の営みにおける相性です。
相性が合わないのにいつも一緒だと、より摩擦が大きくなります。
自分の世界を持ち、適度な距離感を保つことがうまくやっていく秘訣です。**

恋愛 同棲は避けましょう

家で夫婦のようにまったり過ごすより、デートをするなら外へ出かけたり、グループで楽しんで。いつもベッタリは控え、同棲は避けましょう。結婚間近なら、お互いに仕事を持って暮らしていけるように努力して。

夫婦 仕事や趣味を充実

家での生活にあまりにも強い執着があると、ふたりの間の摩擦がより大きくなります。夫婦の場合、共働きをしている、お互い趣味や習いごとがあるなど、自分の世界を持っていればうまくいくケースが多いのです。

友人 礼儀を忘れずに

プライベートな部分に土足で入っていくことはしないようにしましょう。親しき仲にも礼儀ありの心がけがあれば、長続きします。価値観が異なるので、相手からの相談には意見を言うよりも聞き役に回って。

仕事 感情的な言動は控えて

もともと物の見方や感性が異なることをしっかり認識すること。違うのは当たり前だと思えば腹は立ちません。相手の長所をなるべくみつけて。自分と合わないところには目をつぶって、感情的にならないように。

COLUMN 4

～2024年の休日の過ごし方～

自然や音楽を楽しんでリラックス

若草や花に触れる休日の過ごし方がおすすめです。ベランダガーデンを作ったり、アレンジメントフラワーを作って飾ったり。インテリアにグリーンを取り入れるのも忘れずに。

散歩も風水のラッキーアクションですが、特に2024年は並木道がおすすめです。春なら桜並木、秋なら銀杏《いちょう》並木を歩いて。また庭園をゆっくり散歩してもいいでしょう。

コンサートやライブで好きなアーティストの音楽を楽しむのも三碧木星の象意に合っています。家の中でもBGMを流すようにするとよい気に包まれ、リラックスできます。

運を育てるための心得

運気はめぐっている

私たちの人生は、停滞運から頂上運までの9つの運気が順番にめぐってきます。いいときも悪いときも平等にやってきます。悪いときのダメージを少なくするために運気の貯金が必要です。悪いときは貯金を使い、そしてたまった運気は使うと、さらに増やすことができます。衣食住を整えることは毎日の運気の積み立て貯金。**あなたにめぐっている運気に合ったアクションで運気の貯金をしましょう。**また、吉方を生かすことで、運気の貯金をプラスできます。人は毎日の生活の中で、移動しながら活動しています。吉方へ動くことは追い風にのって楽しく移動するということ。今後の発展に影響する運気の貯金ができます。

また、吉方の神社にお参りを続けると、運気の貯金を増やすことができます。日のカレンダーにある吉方位を参考にして運気を貯金していきましょう。

❊9つの運気を理解する

停滞運　季節では真冬にあたるとき。植物が土の中でエネルギーを蓄えるように、春の芽吹きをじっと待つ時期です。思うようにならないと感じることも多くなりますが、**心と体を休めてパワーチャージしてください。**行動的になると、疲れたりトラブルに巻き込まれたりすることも。これまでの行いを振り返り、自分自身を見つめるのにいいときです。

*運気のため方　掃除や片づけなどで水回りをきれいにして、ゆったりとした時間を過ごしましょう。食生活では上質な水をとるようにしてください。朝起きたら1杯の水を飲み、清々しい気分で1日をスタートさせましょう。

基礎運　冬眠から覚め、活動を開始するとき。自分の生活や環境を見直して、これからの人生の基礎固めをするような時期です。**目標を決め、それに向けた計画を立てましょう。**目の前のことをコツコツこなし、手堅く進んでください。また、この時期は目立つ行動は避け、サポート役に回ったほうが無難です。趣味や勉強など自分磨きには向いているので、学びたいことをみつけ、努力を続けましょう。

＊運気のため方　地に足をつけてしっかり歩ける靴を選びましょう。ガーデニングなどで土に触れると運気の貯金になります。食事は根菜類を取り入れたヘルシー料理がおすすめ。自然を意識した過ごし方で英気を養いましょう。

開始運　季節でいうと春をあらわし、秋に収穫するために種まきをするとき。物事**をスタートさせるにはいいタイミングで、やりたいことがあるならぜひチャレンジしましょう。**行動的になるほどモチベーションも上がり、気持ちも前向きになっていく運気。ただし、準備不足と感じるなら次のチャンスまで待ってください。表面的に華やかなので、ついその雰囲気につられてしまうと、中途半端なまま終わることになります。

＊運気のため方　心地いい音に包まれることで開運します。ピアノ曲をＢＧＭにしたり、ドアベルをつけたりして生活の中に美しい音を取り入れましょう。食事では梅干しや柑橘類など酸味のあるものをとりましょう。

開花運　春にまいた種が芽を出して成長し花を咲かせる、初夏をイメージするときです。これまでの努力や行動に対する成果が表れはじめ、心身ともに活気にあふれます。気持ちも充実し、新たな可能性も出てきそうです。人脈が広がってチャンスにも恵まれますが、出会いのあるぶん、トラブルも起こりやすくなります。**頼まれごとは安請け合いせず、持ち帰って冷静な判断をするようにしてください。**

＊運気のため方　食事は緑の野菜をたっぷりとるようにしましょう。住まいの風通しには気を配ってください。和室でのマナーを守り、美しい立ち居振舞いを心がけて。空間にアロマやお香などいい香りをプラスするとさらに運気が活性化されます。

静運　運気の波が止まって、静寂が訪れるようなときです。動きがなく安定しているので、ひと休みをするべき運気。**新しいことには着手せず、生活習慣を見直したり家の中で家族と過ごしたりするのがおすすめです。**思い通りにならないと感じるなら、スケジュール調整をしっかりしましょう。安定志向になるので、この時期に結婚をするのは向いています。ただし、引越しや転職などは避けてください。

＊運気のため方　この時期は時間にゆとりを持って行動することも大切。文字盤の大きい時計を置き、時間は正確に合わせておいてください。お盆やお彼岸にはお墓参りをし、きれいに掃除をしてください。

結実運　運気が上がり、仕事で活躍できるときです。やりがいを感じ、心からの充実感も味わえるでしょう。**目上の人から信頼を得られるので、自分の力をしっかりア**

ピールして社会的地位も固めましょう。また、新しいことを始めるのにも向いている時期です。真摯に取り組んでさらなる結果を出してください。ただし、何事もやりすぎには注意して。チームとして動くことで夢を実現させましょう。

＊運気のため方　ハンカチやスカーフなど小物は上質なものを選んで。高級感のある装いがさらなる幸運を呼びます。理想を追求していくと、人生もそれに見合った展開になっていくでしょう。名所旧跡を訪ねましょう。

金運　季節でいえば秋。黄金の収穫期を迎え、満ち足りた気持ちを味わうことになるでしょう。これまで努力してきたことが成果となって金運に恵まれます。交友関係も広がり、楽しいお付き合いも増えるでしょう。**楽しむことでいい運気を呼び込むことができるときなので、人との交流の機会は断らないように。**新しい世界が広がって、さらなるチャンスに恵まれます。また、仕事への情熱も高まって金運を刺激します。

＊運気のため方　宝石を身につけましょう。またデンタルケアを大切にしてください。食品の管理、冷蔵庫の掃除などにも気を配ってください。西日が強い部屋は金運を下げます。西側は特にきれいに掃除して、カーテンをかけましょう。

改革運　晩冬にあたる時期です。**家でゆっくり過ごしながら自分を見つめ直す、リ**

セットの時期です。ひと区切りがつくので立ち止まり、自己チェックを！　まわりで変化が起きますが、慌てず落ち着いて対応しましょう。迷ったら慎重になって、ときには断る勇気も必要になってきます。特にお金がからむことには首を突っ込まず、避けるようにしてください。粘り強く努力を続けることが大切です。

＊運気のため方　イメージチェンジがおすすめです。部屋に山の写真や絵を飾ると大きなビジョンで物事を考えることができるようになります。根菜類を料理に取り入れてください。渦巻き模様のアイテムが運気の発展を後押ししてくれます。

頂上運　これまでの努力が実を結び、運気の頂点に達したことを実感できるとき。積極的に動くことで実力が認められ、名誉や賞賛を手にすることができます。充実感もあり、エネルギーも湧いてくるでしょう。新しいことにチャレンジしてもＯＫ。存在**感をアピールして、自分が望むポジションをつかみましょう。**頂上に昇ることは目立つこと！　隠しごとも露見してしまうときです。早めに善処しておきましょう。

＊運気のため方　めがねや帽子、アクセサリーなど小物にこだわったファッションを取り入れましょう。部屋には美術品などを飾り、南側の窓はいつもピカピカに磨いておくと、運気がたまります。キッチンのコンロもこまめに掃除を。

【基数早見表①】1935年～1964年生まれ

	1月	2月	3月	4月	5月	6月	7月	8月	9月	10月	11月	12月
1935年（昭10）	13	44	12	43	13	44	14	45	16	46	17	47
1936年（昭11）	18	49	18	49	19	50	20	51	22	52	23	53
1937年（昭12）	24	55	23	54	24	55	25	56	27	57	28	58
1938年（昭13）	29	0	28	59	29	0	30	1	32	2	33	3
1939年（昭14）	34	5	33	4	34	5	35	6	37	7	38	8
1940年（昭15）	39	10	39	10	40	11	41	12	43	13	44	14
1941年（昭16）	45	16	44	15	45	16	46	17	48	18	49	19
1942年（昭17）	50	21	49	20	50	21	51	22	53	23	54	24
1943年（昭18）	55	26	54	25	55	26	56	27	58	28	59	29
1944年（昭19）	0	31	0	31	1	32	2	33	4	34	5	35
1945年（昭20）	6	37	5	36	6	37	7	38	9	39	10	40
1946年（昭21）	11	42	10	41	11	42	12	43	14	44	15	45
1947年（昭22）	16	47	15	46	16	47	17	48	19	49	20	50
1948年（昭23）	21	52	21	52	22	53	23	54	25	55	26	56
1949年（昭24）	27	58	26	57	27	58	28	59	30	0	31	1
1950年（昭25）	32	3	31	2	32	3	33	4	35	5	36	6
1951年（昭26）	37	8	36	7	37	8	38	9	40	10	41	11
1952年（昭27）	42	13	42	13	43	14	44	15	46	16	47	17
1953年（昭28）	48	19	47	18	48	19	49	20	51	21	52	22
1954年（昭29）	53	24	52	23	53	24	54	25	56	26	57	27
1955年（昭30）	58	29	57	28	58	29	59	30	1	31	2	32
1956年（昭31）	3	34	3	34	4	35	5	36	7	37	8	38
1957年（昭32）	9	40	8	39	9	40	10	41	12	42	13	43
1958年（昭33）	14	45	13	44	14	45	15	46	17	47	18	48
1959年（昭34）	19	50	18	49	19	50	20	51	22	52	23	53
1960年（昭35）	24	55	24	55	25	56	26	57	28	58	29	59
1961年（昭36）	30	1	29	0	30	1	31	2	33	3	34	4
1962年（昭37）	35	6	34	5	35	6	36	7	38	8	39	9
1963年（昭38）	40	11	39	10	40	11	41	12	43	13	44	14
1964年（昭39）	45	16	45	16	46	17	47	18	49	19	50	20

【基数早見表②】 1965 年～ 1994 年生まれ

	1月	2月	3月	4月	5月	6月	7月	8月	9月	10月	11月	12月
1965年（昭40）	51	22	50	21	51	22	52	23	54	24	55	25
1966年（昭41）	56	27	55	26	56	27	57	28	59	29	0	30
1967年（昭42）	1	32	0	31	1	32	2	33	4	34	5	35
1968年（昭43）	6	37	6	37	7	38	8	39	10	40	11	41
1969年（昭44）	12	43	11	42	12	43	13	44	15	45	16	46
1970年（昭45）	17	48	16	47	17	48	18	49	20	50	21	51
1971年（昭46）	22	53	21	52	22	53	23	54	25	55	26	56
1972年（昭47）	27	58	27	58	28	59	29	0	31	1	32	2
1973年（昭48）	33	4	32	3	33	4	34	5	36	6	37	7
1974年（昭49）	38	9	37	8	38	9	39	10	41	11	42	12
1975年（昭50）	43	14	42	13	43	14	44	15	46	16	47	17
1976年（昭51）	48	19	48	19	49	20	50	21	52	22	53	23
1977年（昭52）	54	25	53	24	54	25	55	26	57	27	58	28
1978年（昭53）	59	30	58	29	59	30	0	31	2	32	3	33
1979年（昭54）	4	35	3	34	4	35	5	36	7	37	8	38
1980年（昭55）	9	40	9	40	10	41	11	42	13	43	14	44
1981年（昭56）	15	46	14	45	15	46	16	47	18	48	19	49
1982年（昭57）	20	51	19	50	20	51	21	52	23	53	24	54
1983年（昭58）	25	56	24	55	25	56	26	57	28	58	29	59
1984年（昭59）	30	1	30	1	31	2	32	3	34	4	35	5
1985年（昭60）	36	7	35	6	36	7	37	8	39	9	40	10
1986年（昭61）	41	12	40	11	41	12	42	13	44	14	45	15
1987年（昭62）	46	17	45	16	46	17	47	18	49	19	50	20
1988年（昭63）	51	22	51	22	52	23	53	24	55	25	56	26
1989年（平1）	57	28	56	27	57	28	58	29	0	30	1	31
1990年（平2）	2	33	1	32	2	33	3	34	5	35	6	36
1991年（平3）	7	38	6	37	7	38	8	39	10	40	11	41
1992年（平4）	12	43	12	43	13	44	14	45	16	46	17	47
1993年（平5）	18	49	17	48	18	49	19	50	21	51	22	52
1994年（平6）	23	54	22	53	23	54	24	55	26	56	27	57

【基数早見表③】 1995年～2024年生まれ

	1月	2月	3月	4月	5月	6月	7月	8月	9月	10月	11月	12月
1995年（平7）	28	59	27	58	28	59	29	0	31	1	32	2
1996年（平8）	33	4	33	4	34	5	35	6	37	7	38	8
1997年（平9）	39	10	38	9	39	10	40	11	42	12	43	13
1998年（平10）	44	15	43	14	44	15	45	16	47	17	48	18
1999年（平11）	49	20	48	19	49	20	50	21	52	22	53	23
2000年（平12）	54	25	54	25	55	26	56	27	58	28	59	29
2001年（平13）	0	31	59	30	0	31	1	32	3	33	4	34
2002年（平14）	5	36	4	35	5	36	6	37	8	38	9	39
2003年（平15）	10	41	9	40	10	41	11	42	13	43	14	44
2004年（平16）	15	46	15	46	16	47	17	48	19	49	20	50
2005年（平17）	21	52	20	51	21	52	22	53	24	54	25	55
2006年（平18）	26	57	25	56	26	57	27	58	29	59	30	0
2007年（平19）	31	2	30	1	31	2	32	3	34	4	35	5
2008年（平20）	36	7	36	7	37	8	38	9	40	10	41	11
2009年（平21）	42	13	41	12	42	13	43	14	45	15	46	16
2010年（平22）	47	18	46	17	47	18	48	19	50	20	51	21
2011年（平23）	52	23	51	22	52	23	53	24	55	25	56	26
2012年（平24）	57	28	57	28	58	29	59	30	1	31	2	32
2013年（平25）	3	34	2	33	3	34	4	35	6	36	7	37
2014年（平26）	8	39	7	38	8	39	9	40	11	41	12	42
2015年（平27）	13	44	12	43	13	44	14	45	16	46	17	47
2016年（平28）	18	49	18	49	19	50	20	51	22	52	23	53
2017年（平29）	24	55	23	54	24	55	25	56	27	57	28	58
2018年（平30）	29	0	28	59	29	0	30	1	32	2	33	3
2019年（令1）	34	5	33	4	34	5	35	6	37	7	38	8
2020年（令2）	39	10	39	10	40	11	41	12	43	13	44	14
2021年（令3）	45	16	44	15	45	16	46	17	48	18	49	19
2022年（令4）	50	21	49	20	50	21	51	22	53	23	54	24
2023年（令5）	55	26	54	25	55	26	56	27	58	28	59	29
2024年（令6）	0	31	0	31	1	32	2	33	4	34	5	35

直居由美里（なおいゆみり）

京都造形芸術大学「東京芸術学舎・ライフスタイル学科」にて風水講座の講師を経て、2012年より由美里風水塾を開校。環境学の学問として、風水・家相学などを30年にわたり研究し、独自のユミリー風水を確立した。「人は住まいから発展する」というユミリーインテリアサイエンスの理念のもと、風水に基づいた家づくりを提案し、芸能人や各界のセレブにもファン多数。テレビや雑誌、講演会のほか、企業のコンサルタントとしても活躍中。2009年「易聖」の称号を得る。現在YouTubeで「ユミリー風水研究所」として幸運な人生の送り方を発信中。

YouTube　https://www.youtube.com/@user-zr9kk1be9j

公式HP　http://www.yumily.co.jp

波動表に基づいた運勢やアドバイスを毎日更新中!（携帯サイト）

『直居ユミリー恋愛♥風水』　https://yumily.cocoloni.jp

『ユミリー成功の法則』　https://yms.cocoloni.jp

ブックデザイン　フレーズ

カバーイラスト　押金美和

本文イラスト　レミイ華月

編集協力　テクト・パートナーズ、メイ

撮影　市川勝弘

ヘアメイク　今森智子

衣装協力　YUKI TORII INTERNATIONAL

九星別《きゅうせいべつ》ユミリー風水《ふうすい》 2024 六白金星《ろっぱくきんせい》

2023年　8月10日　第1刷発行

著　　者　直居由美里《なおいゆみり》

発 行 者　佐藤 靖

発 行 所　大和《だいわ》書房

東京都文京区関口1-33-4

電話 03-3203-4511

本文印刷　光邦

カバー印刷　歩プロセス

製 本 所　ナショナル製本

©2023 Yumily Naoi Printed in Japan

ISBN978-4-479-31045-7

乱丁・落丁本はお取り替えいたします。

https://www.daiwashobo.co.jp

特別付録

願いを叶えるお守りカード

六白金星

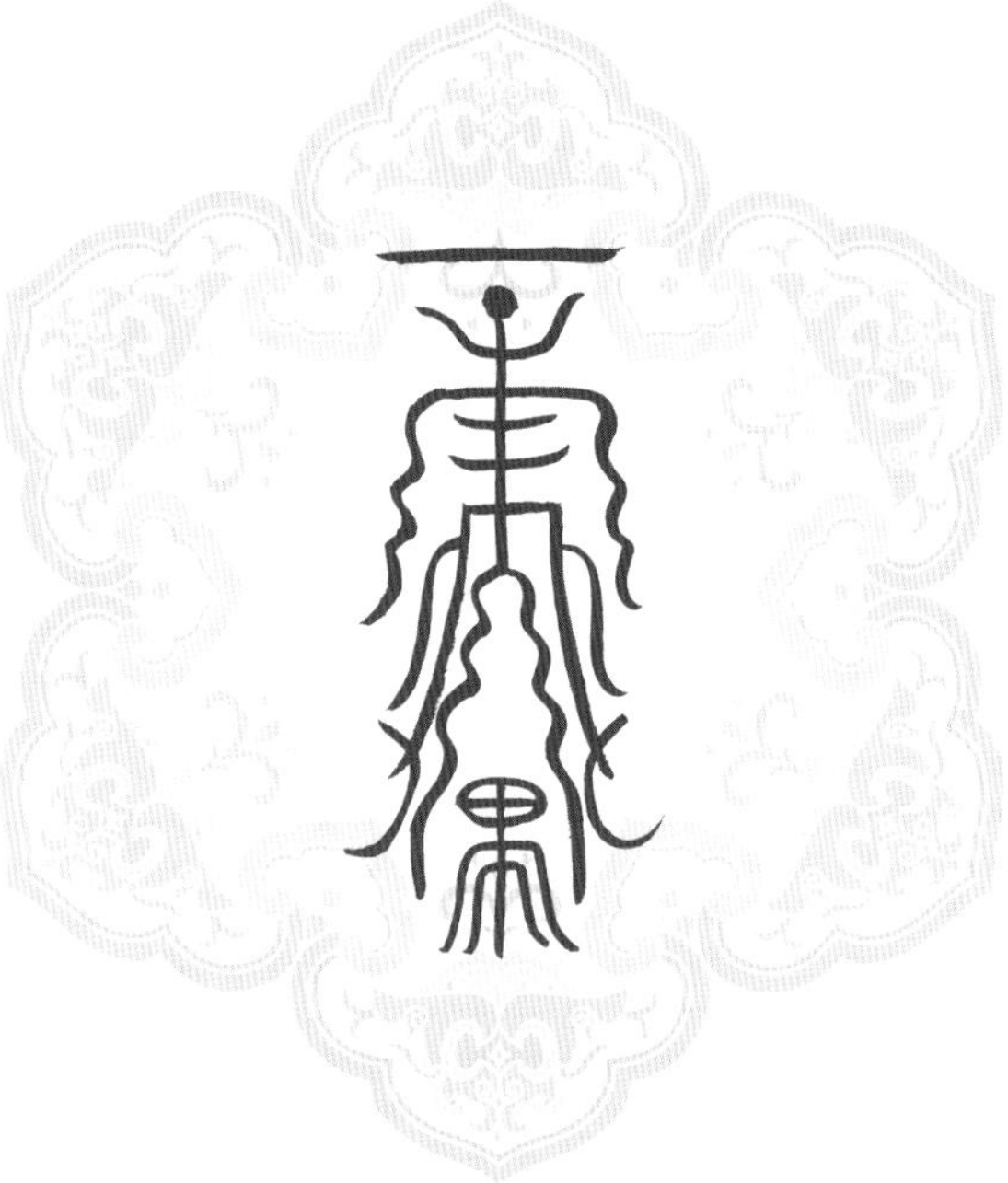

護符を毎日眺めてください。または点線で切り取り、
誰にも見えないように、いつも持ち歩くものに入れておきましょう。
願いは、いくつでもかまいません。